최신 **주제별 대표기도문**

최신 주제별 대표기도문

초판1쇄 2021년 1월 30일

지은이_ 정연조

펴낸이_ 이규종

펴낸곳_ 엘맨
　　　　서울특별시 마포구 토정로 222. 422-3
　　　　TEL : 02-323-4060, 02-6401-7004
　　　　FAX : 02-323-6416
　　　　E-mail : elman1985@hanmail.net
　　　　www.elman.kr

출판등록 제 10호-1562(1985.10.29.)

값 11,000원

ISBN 978-89-5515-610-2(03230)

최신 주제별 대표기도문

기름을 내 머리에 부으셨으니 내잔이 넘치나이다.
- 시편 23:5

정연조 지음

좋은 책으로 하나님의 사람을 만들어 가는 **엘 맨**

오월은 라일락, 장미꽃, 철쭉꽃이 피는 계절의 여왕. 따사로운 햇빛이 창가에 비쳐옵니다. 영원히 죽을 수밖에 없는 죄인이요 죄인 중에 괴수인 나를 하나님이 택하여 주시고 구속의 은총을 값없이 선물로 주셨사오니 그 은혜 너무나 감사하옵나이다. 이 세상을 살아가면서 방황하며 세파에 시달리며 순간 순간 모든 걸 포기하고 싶었지만 주님이 주신 부활의 소망과 성령님의 감동과 감화가 나의 소경된 눈을 뜨게 하시고 영의 귀를 열어 주었으며 부정적인 시각에서 긍정의 시각으로 타락된 한 인간이 거듭나 성화되어가는 인생의 개조와 변화가 시작되었습니다. 부끄럽지만 대표기도문의 주제를 시편 23편 중반절에 다윗왕의 고백처럼 "내 머리에 기름을 부으셨사오니 내 잔이 넘치나이다."를 삼아 썼습니다. 이 책을 출간하여 주신 엘맨 출판사 사장님과 직원 여러분께 감사를드립니다. 이번에 출간한 기도문을 통하여 기도생활에 도움이 되기를 바라며 행동하고 실천하는 크리스천이요 하나님이 택정한 나의 그릇이라고 인정받는 그리스도인이 되시기를 바랍니다. 아직도 하나님을 알지 못하는 택한 백성들이 하나님을 영접하는 귀중한 기회가 되는데 도움이 되었으면 합니다.

지은이 정연조 배상

장로님!

주 안에서 사랑하는 원로장로가 되심을 축하드립니다.

언제나 자신보다 교회를 우선으로 생각하고, 한 영혼이라도 바로 세우시려고 애쓰시던 모습이 눈에 아른거립니다.

장로님, 장로님의 마음을 제가 어떻게 다 알겠습니까?

아픈 가슴 숨기시면서 희생하기로 결단하고, 이렇게 원로장로로 추대 받으시니 아쉬움이 많습니다. 함께 울고 함께 기뻐하며 교회를 세우기 위해 헌신하셨기에 좀 더 일선에서 섬겨주셨으면 하는 마음뿐입니다.

장로님! 그래도 언제나 곁에서 권면의 말씀과 격려의 말씀 잊지 마시고 해주시실 바랍니다.

내 주장과 뜻을 내세우기보다 주님을 먼저 생각하시는 마음 변치 마시고 교회가 교회되게 하는 귀한 자리에 있어주십시오.

늘 강건하시고 늘 왕성한 활동을 기대하겠습니다.

두서없이 쓴 글 끝까지 읽어주셔서 감사드립니다.

기도의 사람, 새벽의 사람, 바보 장로, 깨우는 울보 장로로 함께
있어주소서.

작은 예수되기를 사모하는 조주영 목사 드림

기도문 출간을 축하하며

"태초에 하나님이 천지를 창조하시니라 땅이 혼돈하고 공허하며 흑암이 깊음 위에 있고 하나님의 영은 수면 위에 운행하시니라 하나님이 이르시되 빛이 있으라 하시니 빛이 있었고… 하나님이 자기 형상 곧 하나님의 형상대로 사람을 창조하시되 남자와 여자를 창조하시고… 하나님이 지으신 그 모든 것을 보시니 보시기에 심히 좋았더라 저녁이 되고 아침이 되니 여섯째 날이니라"(창 1:1-31).

이렇게 창세기 1장 안에 하나님의 창조가 시작되었습니다.

그러나 선악과를 따 먹은 사건을 통해서 알 수 있듯이 하나님이 하지 말라고 하신 것은 하고, 하라는 것은 안 하는 심술쟁이와 같은 모습이 우리 인간입니다.

하나님을 가까이 하라 그리하면 너희를 가까이 하시리라 죄인들아 손을 깨끗이 하라 두 마음을 품은 자들아 마음을 성결하게 하라(약 4:8)고 주님은 말씀하십니다.

모든 만물이 하나님을 떠나 살 수 없는 것은 창조의 순리 때문입니다. 그러므로 사람은 창조주 하나님께 기도하는 것이 당연한 일인데도 기도를 쉬는 죄를 범할 때가 많습니다.

공기를 통해 호흡하며 생명을 유지하는데도 감사치 못하고 살아갈 때가 많습니다.

고기가 물을 떠나서는 살 수 없듯 사람 또한 한순간도 하나님을 떠나서는 살 수 없으므로 우리를 만드신 하나님께 기도하는 일은 당연합니다.

그런데도 바쁘다는 핑계로 세상 풍요에 밀려 기도를 소홀히 하기 쉬운 이때 기도문을 발간하게 됨을 축하드리며 감사를 드립니다.

33년 전, 정연조 원로 장로님을 만나 사랑공동체를 세우고 지금은 원주 동부공동체를 섬기고 있으며 기도를 통해 무(無)에서 유(有)를 창조한것과 같이 오늘날 동부공동체가 세워지게 되었음을 고백합니다. 분주한 일상 속에서도 "항상 기뻐하라 쉬지 말고 기도하라 범사에 감사하라 이것이 그리스도 예수 안에서 너희를 향하신 하나님의 뜻이니라"(살전 5:16-18)는 주님의 명령을 지킴을 최우선하여 기도의 삶을 사신 장로님에게 상이 예비되어 있음을 믿으며 이 기도문을 통해 많은 분들의 영이 회복되어지며 하나님의 은혜가 충만하게 임하시길 기원합니다.

본서의 출간을 인도해주신 하나님께 영광과 감사를 올려 드립니다.

주후 2017년 9월 원주동부교회 박 종 수 원로장로

질그릇에 담긴 보배의 사람

무릇 잘 익은 된장은 철 그릇보다 뚝배기에 담을 때 제맛을 느낄 수 있습니다.

제가 만난 정영조 장로님은 이 땅에 하나님의 교회를 가꾸고 하나님의 나라를 세우기 위해 준비된 일꾼이며, 질그릇에 담긴 보배와 같은 사람입니다. 그리고 장로님은 수많은 신앙인들의 본보기로서, 바른 신앙의 방향을 앞서 제시하는 '영적 리더'입니다.

기도의 무릎과 주님의 말씀으로 완성된 장로님의 신앙고백을 통해 이 시대를 힘겹게 살아가는 성도들에게 영적 도전을 주며, 회복이 있기를 바랍니다.

대한예수교 장로회 봉화중앙교회 석영태 장로

머리말 … 4

추천사1(조주영 목사) … 6

추천사2(박종수 원로장로) … 8

추천사3(석영태 장로) … 11

1월의 노래 … 15
1월의 기도(01~10) … 16

2월의 기도 … 45
2월의 기도(01~08) … 46

3월의 편지 … 67
3월의 기도(01~05) … 68

4월의 편지 … 81
4월의 기도(01~05) … 82

5월의 편지 … 95
5월의 기도(01~05) … 96

6월의 편지 … 109
6월의 기도(01~07) … 110

7월의 편지 … 129
7월의 기도(01~07) … 130

8월의 노래 … 149
8월의 기도(01~07) … 151

9월의 편지 … 169
9월의 기도(01~09) … 170

10월의 노래 … 193
10월의 기도(01~07) … 195

11월의 편지 … 211
11월의 기도(01~07) … 212

12월의 편지 … 227
12월의 기도(01~07) … 228

•목 차•

장례예배 영결예배 … 244

영결식 예배기도 … 250

입관 예배기도 … 252

천국 환송 예배 … 254

하관 예배 기도 … 258

입관 예배 기도 … 260

영결 예배 … 262

장례 예배 … 266

하관 예배 … 268

입관 예배 … 270

추도식 예배기도 … 272

총동원 주일 예배 … 276

수험생을 위한 기도 … 278

대심방 기도 … 280

국회의원후보를 위한 기도 … 282

졸업 예배 기도 … 284

첫돌 예배 기도 … 286

환우를 위한 기도 … 290

민족을 위한 기도 … 292

개업 예배 기도 … 294

개업 감사 기도 … 296

하나되는 조국을 위한 기도 … 298

부흥을 위한 기도 … 300

부흥사경회를 위한 기도 … 302

결혼식 예배 기도 … 304

1월의 노래

묵은해를 보내고 새해가 밝아오네.
역사의 격랑 속에 어두웠던 우리시대
동쪽하늘 아래 동해 바다 태양은 떠오른다.
묵은 빛 걷어내고 새 빛으로 가득 차네.

에덴의 동산처럼 하나님이 함께하시사
날마다 일용할 양식 주신 은혜 감사하네.
이 땅에 사는 우리 백성들 하나님을 경외하며
삼천리 금수강산에 십자가 나라 되게 하소서.
도심마다 전원 속에 새벽마다 기도하는 우리 민족
약할 때 힘이 되어주시고 병들 때 치유하시사
날마다 은혜의 단비, 말씀의 꿀송이 가득 차게 하시네
주여, 새해도 진리의 빛으로 이 땅에 감싸주셔서
불신의 어두운 그늘 걷히고 주님의 사랑
새 예루살렘 호산나 찬양하며 이 땅 가운데에 임하소서.

1월의 기도
01-01

할렐루야!

참 좋으신 하나님아버지 은혜를 감사합니다. 희망찬 정유년 새해가 밝았습니다.

새해에는 이 사회에 어두움의 권세들이 물러가게 하시고 밝고 빛나는 하나님 주신 은혜의 빛이 이땅 가운데 비추이게 하시옵소서.

부정적 언어와 비판이 난무하고 희망은 실종된 채 답답한 이 사회가 새로운 생명의 빛 하나님의 말씀으로 새롭게 하시옵소서.

국민이 하나가 되고 단합된 모습을 계도할 매스컴이 보수와 진보 양극화 계층간 지역간 세대간 갈등이 또 기업과 노동자와의 갈등이 모두 사회의 아픔이 되고 있습니다.

사랑의 하나님 아버지!

그 옛날 이스라엘이 출애굽할 때 홍해를 가르시고 바닷물이 물러가게 하시니 물이 갈라져 바다가 마른 땅이 된 것처럼 이 나라 이 민족의 어둠의 권세들이 홍해가 갈라진 것처럼 새롭게 하시옵소서.

올해는 선거의 해입니다 새로운 지도자를 통하여 국정이 안정되게 하시옵소서.

사랑의 하나님 아버지!

사십 년 동안 광야에서 하나님이 그들 앞에 가시면서 낮에는 구름기둥으로 그들을 인도하여 주시고, 밤에는 불기둥으로 그들에게 비추사 낮이나 밤이나 진행하시니 구름기둥 불기둥이 백성 앞에서 떠나지 않은 것처럼 이 나라 이 민족 그리고 한국 교회 위에 하나님이 함께하여 주시옵소서. 분열이 있는곳에 일치를 반목과 갈등이 있는 곳에 협력으로 용서할 수 없는 곳에 그리스도 예수님 사랑으로 깊이 패인 불신의 골을 화해와 협치로 주님이 주신 십자가 사랑으로 회복되게 하시고 치유되게 하시옵소서. 그리하여 성령님을 근심케 마시고 나는 죽고 예수님만 살게 하시옵소서. 사도 바울처럼 날마다 나를 죽여 복종하게 하시옵소서.

감사의 하나님 아버지!

광야 사십 년 동안 이스라엘 백성들에게 만나와 매추라기를 주셨듯이 정우년 새해에 우리 동부공동체와 그리고 이 나라 이 민족 모두에게 하나님 주신 평화와 일용할 양식을 주시옵고 새로운 경제질서와 일자리 창출로서 불황에서 호황으로 바뀌게 하여 주시옵소서.

이 시간 우리 목사님 내외 분의 영육 간에 강건함을 주시고 온가족이 하나님 은혜 가운데 거하게 하시옵소서. 그리하여 목사님 말씀을 통하여 인생의 거친 광야에서 고난과 실패 좌절 광풍이 불어올지라도 이스라엘 광야에서 마라의 쓴 물을 단물로 바꾸어 주듯이 하나님 능력이 온 성도 가정 가운데 믿음 가운데 이루어지게 하시옵소서.

능력의 하나님 아버지! 이 시간도 병마와 싸우고 있는 우리 교우들을 기억하여 주시사 그옛날 에스겔 골짜기의 너희 마른 뼈들아 여호와 말씀을 들을지어다 네가 생기를 너희에게 들어가게 하리니 너희가 살아나리라 힘줄을 주고 살을 입히고 가죽을 덮고 너희 속에 생기를 넣으리니 너희가 살았느니라 마른 뼈들이 이스라엘 군대가 된 것처럼 모두 다 완치되게 하시고 치유되어 하나님 쓰시는 일꾼이 되게 하시옵소서.

감사의 하나님 아버지! 우리 민족의 고유 명절 설날을 맞이 하여 길떠난 교우들 안전하게 귀가하게 하시고 주님이 보호하여 주시옵소서. 이 시간 아브라함 선교회 특송을 하나님께 드리려 합니다. 오직 하나님께 영광이 되게 하시옵소서. 존귀하신 우리 구주 예수그리스도의 이름으로 기도 올리옵나이다.

아멘!

1월의 기도
01-02

"시온의 영광이 빛나는 아침 매였던 종들이 돌아오네
오래 전 선지자 꿈꾸던 복을 만민이 다같이 누리겠네."
할렐루야! 영광과 존귀와 찬송을 영원히 받으실 하나님 아버지
은혜를 감사합니다.

경인년을 보내고 희망찬 대망의 신묘년을 맞이하였습니다.

사랑의 하나님 아버지, 우리 한반도에 거주하는 팔천만 민족을
사랑하여 주시고 남과 북이 야곱과 에서의 화해의 만남과 같이 평
화와 공생, 번영의 길을 갈 수 있게 하여 주시옵소서. 북한 정권이
무력 남침을 포기하고 평화와 사랑으로 통일의 길을 갈 수 있도록
인도하여 주시옵소서.

감사하신 하나님 아버지! 우리 동부교회 공동체가 일어나 빛을
발하는 교회가 되게 하시옵소서. 그리하여 금년도 주제 표어대로
하나님을 기쁘게 하시는 교회가 되게 하시옵소서.

소그룹을 통한 영성 훈련을 통해서 온 성도가 주님의 제자가 되
게 하옵소서. 강팍한 세상 불안과 공포의 항해에서 중도에 자초하
지 않고 영성 훈련과 기도로 무장하여 태신자를 품고 기도하며 지

역 사회를 섬기며 전도의 터전이 넓혀지게 하옵소서.

능력의 하나님 아버지! 양육과 훈련을 통해서 모든 족속으로 제자를 삼아 기도와 간구, 전도로서 삼백명 성도 예배가 이루어지게 하옵소서.

좋으신 하나님 아버지! 우리 동부교회 공동체는 시간관리를 잘해서 모두 다 성공적인 삶과 승리하는 크리스천이 되게 하여 주시옵소서. 하나님을 믿는 사람이나 불신자나 누구든지 공평하게 주신 것은 시간입니다. 우리 모두 주어진 시간에 열심히 일하고 땀 흘려서 하나님을 기쁘게 해 드리는 성도가 되게 하옵소서.

그런즉 누구든지 그리스도 예수 안에서 새로운 피조물이라 하였습니다. 오직 저희들의 심령이 새롭게 되어 하나님을 따라 진리와 거룩함으로 지으심을 받은 새사람이 되게 하옵소서.

사랑의 하나님 아버지! "내 집은 만민이 기도하는 집"이라고 하셨고, 오직 여호와는 그 성전에 계시니 온 땅은 그앞에서 잠잠할지니라" 하셨습니다.

우리 모두 다 한마음으로 서로 섬기며 힘차게 전진하게 하시옵고 이 시간 조주영 목사님을 단 위에 세워 주셨사오니 하늘문을 여시고 성령을 부어 주시사 선포하시는 말씀으로 인하여 저희들의 내면의 세계가 변화와 희락으로 충만하게 하시옵소서. 오늘의 예배를 주님께 의탁하옵고 존귀하신 우리 구주 예수그리스도의 이름으로 감사하며 기도하옵나이다.

아멘!

1월의 기도
01-03

좋으신 하나님 아버지! 은혜를 감사합니다 오늘 송구영신 예배를 하나님께 드릴 수 있게 하셔서 감사합니다. 이제 신묘년도 역사의 뒤안길로 사라집니다.

사랑의 하나님 아버지! 우리 모두에게 성령님의 인도와 교통하심으로 하나님과 영적인 교제가 날마다 있게 하옵소서.

자비의 하나님 아버지! 세상을 바라보면 염려와 한숨과 절망과 고통의 연속일 뿐입니다.

그러나 저희들은 하나님과 동행함으로 소망을 갖게 하시고 문제 해결과 평강을 주시길 원합니다.

저희들은 지난 세월과는 비교할 수 없을 정도로 많은 것을 소유하고 누리고 있지만 영혼의 생기는 점점 힘을 잃어 가고 있습니다.

능력의 하나님 아버지! 어둠의 시대에 살지라도 하나님을 향해 말씀의 힘으로 앞만 보고 가게 하옵소서.

감사의 하나님 아버지 새해가 밝았습니다. 가난한 자나 부한 자나 우리 모두에게 똑같은 시간이라는 선물을 주심을 감사하오며 시간을 낭비하지 않고 열심히 땀흘려 주님이 주신 은총 속에 승리하게 하옵소서.

저희들이 삶을 낭비하지 않게 하시고 작은 일에도 최선을 다하는 아름다운 모습을 보여 주게 하옵소서. 무엇을 하던지 선택의 기로에서 감정에 의한 것이 아니라 현명한 판단으로 주님과 동행하며 성취하게 하옵소서.

사랑의 하나님 아버지! 새해에도 하나님만 의지하고 소망을 이루는 한해가 되게 하옵소서.

능력의 하나님 아버지! "누구든지 그리스도 안에 있으면 새로운 피조물이라 이전 것은 지나갔으니 보라 새것이 되었도다." 사도 바울의 고백처럼 저희들의 실수와 허물과 죄악을 모두 다 씻어 주옵소서. 이 시간 하나님의 사자 목사님께서 말씀하실때 저희들에게 성령의 임재가 있게 하옵소서.

사랑의 하나님 아버지! 힘차게 새해를 출발하고자 합니다. 새로운 비전과 목표를 향해 우리 모두 한마음이 되고 특히 동부교회가 기도의 다락방으로 모이기를 힘쓰는 성도들이 다들 되게 하시옵소서. 모이면 기도하고 흩어지면 전도하며 감사로 부흥하는 교회, 섬기면서 낮아지는 교회, 가르치는 교회, 선교와 구제하는 교회가 되게 하옵소서.

예배의 시종을 주님께 의탁하옵고 거룩하신 예수님의 이름으로 감사하며 기도하옵나이다. 아멘!

1월의 기도
01-04

　알파와 오메가가 되시고 처음과 나중이 되시는 참 좋으신 하나님 아버지 은혜를 감사합니다. 죄와 허물로 인하여 도저히 구원 받을 수 없는 금수와 버러지 같은 저희들에게 값없이 구원의 선물을 주시니 진실로 감사합니다. 사랑의 하나님 아버지! 새해를 맞아 둘째 주일을 맞아 두렵고 떨리는 마음으로 하나님 앞에 나왔습니다.

　저희들의 불순종을 용서하여 주시옵소서. 새해에는 곤고나 환난 중에 있는 교우들의 모든 고통의 짐을 벗겨 주옵소서.

　금년도에도 하나님을 기쁘시게 하는 교회로서 공포와 불안, 근심, 걱정, 번민, 고통, 우환, 질고 모두 다 이기고 승리하게 하시옵소서. 그리하여 항상 기뻐하고 쉬지 말고 기도하고 범사에 감사로서 인생의 아름다운 믿음의 열매를 맺는 한해가 되게 하시옵소서.

　은혜에 하나님 아버지! 금년에도 우리가 건너야 할 강이 있습니다. 또 넘어야 할 산이있습니다. 죄악된 광야에서 좌절과 절망에서 구원의 예수님이 주신 생명의 강으로 인도하여 주시고 복된 땅 희망의 땅 젖과 꿀이 흐르는 땅으로 우리 성도님들을 안전하게 인도하여 주시옵소서.

감사의 하나님 아버지! 올해는 우리 교회가 부흥과 전진으로의 다짐과 결단을 하는 한해입니다.

기도하고 순종할 때 홍해가 갈라짐과 같이 열려지는 역사가 있게 하옵시고 믿음이 없어 건너지 못하고 안주하지 않게 하시옵소서. 우리들의 영적인 지도자 조주영 목사님을 따라 말씀의 언약궤를 메고 요단강을 믿음으로 건너 갈 때 모든 장애물이 갈라지게 하시옵소서. 믿음으로 실천하며 힘차게 출발하여 약속의 땅 가나안 땅으로 인도되게 하옵소서. 우리 주님이 함께하시는 동부의 공동체가 되게 하시옵소서.

좋으신 하나님 아버지! 하나님이 주신 생명의 물은 높은 산에서 나무와 풀을 적시며 실개천을 따라 낮은 대로 흘러 강이 되듯 저희들도 더욱 낮아지고 겸손하여 주님을 따라 가게 하시옵소서. 알곡이 차면 더욱더 고개를 숙임 같이 저희들의 삶도 나를 쳐서 주님의 말씀에 복종하는 사도 바울의 고백처럼 겸손히 주님만을 섬기게 하시옵소서.

신묘년 새해도 우리 목사님 영육 간에 강건하게 하시고 영권을 주셔서 교회가 갑절로 부흥하게 하시옵소서. 교회 공동체를 위해 헌신하시는 구역장, 권찰, 교사, 찬양대원, 차량봉사, 식당봉사, 청소, 환경미화 등 보이는 곳이든 보이지 않는 곳이든 봉사하는 이분들에게 매일매일 하나님의 은총이 충만하게 하시고 감사가 넘치게 하시옵소서. 길이요 진리요 생명이 되신 우리구주 에수님의 이름으로 간절히 기도하옵나이다.

아멘!

1월의 기도
01-05

할렐루야!

참 좋으신 하나님 아버지 은혜를 감사합니다.

희망찬 정우년 새해를 맞이하였습니다. 아버지께서 우리 교회와 조국 대한민국을 지켜 주시옵기를 바라옵고 원합니다.

이 시간 새해 예배를 드릴 때 오직 하나님께 신령과 정성으로 온전히 드려지는 예배가 되게 하시옵소서.

사랑의 하나님 아버지!

올해는 우리 교회 창립 29주년이 되는 해입니다.

주께서 우리 교회를 지켜 주시옵고 부흥케 하시옵소서. 그리하여 기도하는 우리 교회가 되게 하시고 날마다 주께 복종하게 하시옵소서. 혼돈의 시대에 살고 있는 이 나라 이 민족에게 양극화와 지연 , 학연, 세대간 갈등, 침체, 절망, 분쟁 등 이 모든 어둠 속에서 이 사회에 주님의 빛으로 찾아 주셔서 새롭게 하시옵소서.

"너의 행사를 여호와께 맡기라 그리하면 네가 경영하는 것이 이루어지리라."는 잠언 16장 3절 말씀처럼 저희들이 계획을 세울지라도 이루게 하시는 분은 오직 하나님이심을 믿고 나아가게 하시옵소서.

자비의 하나님 아버지, 저희들이 날마다 교회를 바라보게 하시옵소서. "네가 주의 목전에서 쫓겨날지라도 다시 주의 성전을 바라보겠나이다."라고 한 요나 선지자의 고백처럼 우리 동부공동체와 한국 교회가 하나님의 성전을 바라보게 하시옵소서.

은혜의 하나님 아버지!

저희들이 사는 날 동안 하나님을 믿고 말씀에 순종하여 섬김의 도를 다하게 하시옵소서. 내 영혼이 피곤할 때 어둠의 권세가 닥쳐와 앞이 캄캄하여 보이지 않을 때 하나님만을 찾게 하시옵소서.

정유년 닭이 새벽의 훼를 칠 때 새벽을 깨우게 하시고 혼돈과 강풍이 불어올 때 기도하게 하시옵소서.

은혜의 하나님 아버지! 2017년도 주제 표어는 말씀 앞에서 사는 자로 시작하고자 합니다. 연초에 계획했던 모든 것이 신앙의 결산을 할 때 "잘하였도다 충성된 종아, 더 많은 것을 네게 맡기겠다."는 거룩하신 하나님의 음성을 듣게 하시옵소서.

자비의 하나님 아버지, 우리 교회에 연로하신 노장로님과 노권사님들 그리고 유치부, 아동부, 청소년부, 청년부, 일반성도들에 이르기까지 하나님이 주신 말씀의 은혜로 내면 세계의 잡것을 제거하며 내공의 토양 작업을 통해 영육간 강건의 축복과 성령의 불세례로 영성이 회복되게 하시옵소서. 이 시간 하나님의 사자 목사님 말씀을 선포하실 때 능력과 권세로 더하여 주시사 성령님의 감동과 감화가 있게 하시옵소서. 그리하여 우리 회중이 한마음이 되어 새롭게 힘찬 전진을 하는 한해가 되게 하시옵소서. 우리 구주 예수님의 이름으로 기도하옵나이다.

아멘!

1월의 기도
01-06

"그런즉 누구든지 그리스도 안에 있으면 새로운 피조물이라 이전 것은 지나 갔으니 보라 새것이 되었도다"(고후 5:17).

할렐루야! 사랑과 은혜가 풍성하신 하나님 아버지 은혜를 감사합니다.

새해 첫주일 하나님의 거룩한 은혜의 성전에서 예배를 드릴 수 있게 하심을 감사합니다.

존귀하신 하나님 아버지!

올해 동부공동체 주제 표어는 '나는 죽고 예수로 살게 하소서' 입니다.

저희들의 혈기와 원망, 미움, 불평, 시기, 질투, 비교, 열등감 모두 이시간 죽어지고 오직 예수님의 사역을 감당하며 겸손한 종으로 오신 예수님의 영혼구원의 사역과 무한한 사랑을 깨닫게 하시옵소서.

은혜로우신 하나님 아버지! 올해는 시간을 지배하는 공동체가 되게 하시옵소서. 새벽을 깨우는 기도하는 성도, 하나님의 말씀을 사모하고 영적으로 갈망하며 주님의 은혜를 체험하며 응답받은 한해가 되게 하시옵소서.

"너는 내게 부르짖으라 내가 네게 응답하겠고 네가 알지 못하는 크고 은밀한 일을 네게 보이리라"는 주님의 음성을 듣게 하시옵소서.

사랑의 하나님 아버지! 우리 교회와 이 나라 이 민족의 경제에 새로운 도약과 막힌 우리들의 살림살이가 좋아지게 하시고 직장의 문이 열리고 사업이 잘되게 하시고 영성으로 한 단계 업그레이드 되는 성숙한 공동체 리더로서 주님의 십자가를 질 수 있는 청지기들이 되게 하시옵소서. 자비의 하나님 아버지! 올해는 우리 교회 어른이신 노장로님과 노권사님들 그리고 영아부에서 청년부까지 영육 간에 강건하게 하시옵소서.

"사랑하는 자여 네 영혼이 잘됨같이 네가 범사가 잘되고 강건하기를 내가 간구 하노라"(요삼 1:2)는 주님이 주신 평안의 복을 받게 하시옵소서. 병원에 입원하고 계시는 김진우 장로님과 권사님을 비롯한 환우들 모두 빠른 쾌유와 치유가 있게 하시옵소서. 존귀하신 하나님 아버지! 올해는 우리 동부 공동체가 사랑으로 하나되게 하시옵소서. 요한 사도가 "사랑하는 자들아 우리가 서로 사랑하자 사랑은 하나님께 속한 것이니 사랑하는 자마다 하나님으로부터 나서 하나님을 알고"(요일 4:7)라고 하였습니다. 가정이 회복되게 하시고 미움과 갈등과 불화가 있는 곳에 우리 주님의 사랑과 평화로 채워지게 하시고 하나되는 치유와 은혜의 한해가 되게 하시옵소서. 하나님의 사자 조주영 목사님이 선포하시는 말씀을 하나님의 음성으로 듣게 하시고 구원의 말씀과 새로운 한해의 소망의 말씀으로 받게 하시옵소서. 이 시간 예배팀을 세워 주었사오니 곡조있는 기도로 하나님께만 영광이 되게 하시옵소서. 존귀하신 우리 구주 예수님 이름으로 감사하며 기도하옵나이다.

아멘!

1월의 기도
01-07

"일어나 빛을 발하라 이는 네 빛이 이르렀고 여호와의 영광이 네 위에 임하였음이라"(사 60:1)

할렐루야!

영광과 존귀와 찬송을 영원히 받으시기에 합당하신 하나님 아버지 은혜를 감사합니다.

새해 ○ 번째로 성일을 지키게 하시고 오늘도 하나님의 은혜의 보좌 앞에 모이게 하시고 신령과 진정으로 예배를 드리게 하시니 감사합니다.

사랑의 하나님 아버지! 새해에는 몸된 제단에 성령님의 인도하심으로 말씀의 법궤를 메고 앞으로 힘차게 전진하는 한해가 되게 하옵소서.

저희들의 구원의 주가 되신 하나님 아버지! 날마다 푸른 초장으

로 시온의 대로로 잔잔한 물가로 은혜의 강가로 인도해 주시고 저희들의 영의 양식 만나를 내려 주시옵소서,

평강의 왕 예수님, 새해 벽두에 온 성도님들이 어둠의 권세를 물리치게 하시고 일어나 빛을 발하며 새일을 행하시는 주님을 바라보며 믿음의 반석 위에 교회가 든든히 서가게 하시옵소서.

사랑의 하나님 아버지! 올해 우리 교회 주제 표어는 '복음으로 세상을 변화시키는 증인이 되자'로 출발합니다. 5대 실천 사항은 복음전파와 영혼 구원입니다. 주님의 지상명령인 전도에 총력을 기울이므로 성령의 불길이 일어나게 하시옵소서.

"너희는 모든 족속으로 제자를 삼아 아버지와 아들과 성령의 이름으로 세례를 주라 하였습니다."

저희들에게 전도와 영혼을 사랑할 수 있는 능력을 주시옵소서.

감사의 하나님 아버지! 동부교회 공동체는 건강한 가정과 행복한 일터와 직장으로 날마다 통쾌하고 유쾌하고 상쾌한 에너지의 산실이 되게 하시옵소서.

능력의 하나님 아버지! 훈련된 청지기들을 통하여 하나님 나라와 동부교회의 지경이 넓혀지게 하시고 존 웨슬리처럼 세계가 나의 교구라는 원대한 꿈을 꾸고 믿음의 거장들이 되게 하시옵소서,

감사하신 하나님 아버지! 우리모두 섬김과 삶의 실천에서 긍휼히 베풀어 주는 자비의 마음이 있기를 원합니다.

참좋으신 하나님 아버지! 몸된 제단에는 날마다 하나님이 주신

은혜로운 예배와 성령의 강력한 임재함이 임하게 하시옵소서. 그리하여 주님의 말씀을 선포하실 때 영적인 스파크가 일어나게 하시고 용광로와 같은 성령의 역사가 저희들의 심령에 임하사 더럽고 죄악된 구습과 관습, 또 원망과 불평, 불순종이 녹아져서 주님께서 정금같이 쓰시는 그릇이 다 되게 하시옵소서.

이 시간 중창단을 세워주셨사오니 찬양의 향기로운 제물이 되게 하시고 은혜의 보좌 앞에 상달되게 하시옵소서. 사랑의 하나님 아버지! 올해도 교회학교 교사, 구역장, 권찰, 중창단원, 환경미화, 청소로 봉사하는 모든 종들에게 하나님이 주시는 평강이 넘치게 하시옵소서.

존귀하신 우리 구주 예수그리스도의 이름으로 감사하며 기도하옵나이다.

아멘!

1월의 기도
01-08

"여호와는 나의 목자시니 내게 부족함이 없으리로다. 그가 나를 푸른 풀밭에 누이시며 쉴 만한 물가로 인도하시는도다"(시 23:1, 2)

할렐루야!

다사 다난했던 신묘년도 저물어 가는 세모의 달을 맞이하였습니다. 한해 동안도 우리 동부교회를 지켜 주시고 인도하여 주시고 풍족하게 하여 주신 하나님께 감사를 드립니다. 새해 벽두에 하나님을 기쁘시게 하는 교회, 평신도를 건강한 사역자로 세우는 교회로 출발하여 하나님께 영광을 드리게 하시오니 감사합니다.

날마다 모이기를 힘쓰고 떡을 떼며 창찬받는 교회로써 사람들의 입소문으로 부흥하는 교회, 사람을 세우는 교회, 가르치는 교회, 열린 마음으로 순종하는 교회, 초대교회처럼 유무상통하고 상부상조하는 교회가 되게 하시옵소서.

자비의 하나님 아버지!

일 년동안 하나님의 청지기로서 받은 달란트대로 맡겨진 일에 최선을 다한 하나님의 종들에게 "착하고 충성된 종아 네가 적은 일에 충성하였으니 내가 많은 것을 맡기리니 네 주인의 즐거움에 참여할지어다"라고 칭찬하신다고 말씀하셨습니다. 그리고 맡은 자에게 구할 것은 충성이라고 하였습니다.

감사하신 하나님 아버지!

누구든지 우리 교회에 새로 오신 교우님들도 신앙의 한가족이 되게 하시고 누구든지 교회 안에서 한마음을 품고 열린 마음으로 서로가 섬기게 하시옵소서.

사랑의 하나님 아버지!

오랜 기간 믿음 생활을 쉬고 있는 성도님 그리고 세상에서 분주하게 살아가는 저들에게 목자의 음성을 듣게 하시고 주님의 말씀과 사랑으로 신앙의 회복과 치유의 역사가 있게 하시옵소서. 이 시간도 원치 않는 병마와 싸우고 있는 믿음의 형제와 연약한 환우들이 있습니다. 그들을 일일이 찾아가 주시고 만져주셔서 빠른 회복과 치유의 역사가 있게 하시옵소서.

자비의 하나님 아버지!

인생을 살면서 낙망, 우울증, 절망, 사업의 부진, 직장의 상실 등 모든 시련을 하나님이 주신 말씀으로 채우시게 하시고 소망으로 채우게 하옵소서.

존귀하신 하나님 아버지!

우리 교회는 연세 많으신 성도님이 계십니다. 그들에게 고독, 건강, 질병, 경제적 어려움 등이 하나님의 말씀으로 인하여 기쁨과 소망으로 피어오르게 하시옵소서.

은혜로신 하나님 아버지!

오늘 예결산 위원회가 모입니다.

예산을 적재적소에 필요한 곳에 쓸 수 있도록 하나님께서 인도하여 잘 편성되게 하시옵소서.

이 시간 목사님께서 말씀을 선포하실 때 엘리사에게 주셨던 갑절의 영권이 있게 하시옵소서. 중창단 세워 주었사오니 찬양을 통해서 하나님께 오직 영광 영광이 되게 하시옵소서 시종을 주님께 의지하옵고 존귀하신 우리 구주 예수그리스도의 이름으로 감사하며 기도하옵나이다.

아멘!

1월의 기도
01-09

사랑과 은혜가 풍성하신 하나님 아버지 은혜를 감사합니다.

허물 많은 저희들을 사랑하여 주시고 아바 아버지라 부를 수 있는 특권을 주신 하나님께 감사를 드립니다.

마른 막대기만도 못한 저희들, 벌레만도 못한 저희들, 아무 가치 없는 저희들, 무엇하나 하나님께 드릴 수 없는 죄인 중의 죄인들이 이 시간 주님 앞에 왔습니다.

사랑의 하나님 아버지 이 죄인들을 받아주시옵소서,

존귀하신 하나님 아버지 새해가 밝았습니다.

하나님 은혜 가운데 우리 동부공동체가 달려가게 하시고 복음전파와 영혼구원에 매진하게 하시옵소서,

금년도 우리 교회 주제 표어는 '십자가 복음을 체험하는 교회, 주제별로 말씀의 은혜가 있는 교회, 기도의 능력이 넘치는 교회, 성령의 기쁨이 넘치는 교회'로 하였습니다.

사랑의 하나님 아버지!

우리 모두 다 주님의 피로 값주고 세우신 동부교회 공동체에 복음의 좋은 소식, 영적인 체험과 말씀의 능력, 은혜의 강수가 넘치게 하시옵소서.

새벽마다 통회하는 마음과 간절한 마음으로 부흥에 목말라 울부짖는 기도의 소리가 넘치게 하시옵소서.

자비의 하나님 아버지!

올 한해 기도로 출발하게 하시고 성령님의 강력한 불세례를 심령심령마다 부어주시옵소서. 그리하여 주어진 청지기로서 최선을 다하여 감당하게 하시옵소서.

능력의 하나님 아버지!

저희들이 헌신 봉사할 때 성령님을 소멸치 않게 하시고 성령님을 근심지 않게 하시옵소서.

올 한해도 순종과 겸손으로 새로운 부흥과 영혼 구원을 위해 총력을 기울이는 한해가 되게 하시옵소서. 오늘 예배를 드릴 때 신령과 진정으로 하나님이 기뻐하시는 예배가 되게 하시옵소서.

자비의 하나님 아버지,!

올해도 유치부, 아동부, 청소년부 교회학교에 배가 되는 부흥이 있게 하시고 사역자, 교사, 선생님의 기도와 헌신이 주님께 상달되게 하시옵소서.

은혜로우신 하나님 아버지!

저희들 모두 한 영혼을 구원시키는 전도의 밀알이 되어서 많은 결실을 거두게 하시옵소서. 이 시간 하나님의 사자 목사님을 세우셨사오니 하나님이 주신 권세와 권능과 성령의 감동감화가 임하여 주시옵소서.

1월 목회일정을 하나님께서 주관하여 주시고 예결산 제직회, 새해 영적 특별 새벽기도회, 공동의회, 여전도헌신예배, 말씀사역자 구역장 일일 수련회 등 모두 다 성령의 기름을 부어주시옵소서.

주일예배팀을 세워주었사오니 시와 찬미로 하나님께 영광이 되게 하시옵소서.

우리 구주 예수님의 이름으로 기도하옵나이다.

아멘!

1월의 기도
01-10

알파와 오메가가 되시고 처음과 나중이 되시는 하나님 아버지 은혜를 감사합니다.

"너희는 이전 일을 기억하지 말며 옛날 일을 생각하지 말라 보라 내가 새 일을 행하리니 이제 나타낼 것이라"(사 43:18, 19). "그런즉 누구든지 그리스도 안에 있으면 새로운 피조물이라 이전 것은 지나갔으니 보라 새 것이 되었도다"(고후 5:17).

할렐루야!

사랑의 하나님 아버지, 2013년도 십자기 복음을 체험하는 한해를 시작한지 엊그제 같은데 또 이 시간 송구영신예배를 드리게 된 것을 감사드리며 세월이 무상함을 깨닫게 됩니다.

존귀하신 하나님 아버지! 우리 동부공동체가 한해 동안 영적인 성장과 부흥 그리고 내적심령의 변화와 마음의 성전을 거룩하게 하시고 인도하신 하나님께 영광을 돌립니다.

성전 증축 공사를 위해 유치부에서 장년부에 이르기까지 한마음이 되어 정성을 다해 감당케 하심을 감사합니다. 일 년 동안 말씀을 전해주신 목사님 그리고 말씀사역자, 교사, 구역장, 권찰, 이름 없이 빛도 없이 섬긴 종들에게 하나님이 주신 평강의 은총이 넘치게 하시옵소서.

새벽마다 기도의 엔진을 켜고 가동한 우리 교회 영성의 동역자들에게 하나님이 주신 신령한 은총이 임하게 하시옵소서. 이제 대망의 2014년도를 하나님이 찾으시는 예배자란 주제로 출발하고자 합니다.

좋으신 하나님 아버지! 우리 동부 공동체가 영성으로 깨어있는 한해가 되게 하시고 날마다 하나님이 찾으시는 예배자가 되어 무릎으로 은혜의 보좌의 앞에 모이기를 힘쓰고 애쓰는 주님의 백성이 되길 바라옵고 원합니다.

능력의 하나님 아버지! 우리 동부공동체는 '일일 일찬' 하루에 한번씩 칭찬하는 긍정의 공동체가 되게 하시고 가정과 직장, 교회 어디서든지 매일매일 한 번 칭찬하여 화목하고 서로가 존중하며 봄바람처럼 훈훈하고 따뜻한 마음으로 서로를 섬김으로 예수님의 청지기들이 다 되게 하시옵소서

은혜로신 하나님 아버지! 새해에도 모든 교우들이 영육간에 강건케 하시고 평강과 형통이 주님 안에서 이루어지게 하시옵소서.

그리하여 맡은 자에게 구할 것은 충성이라 하였사오니 최선을 다

하여 충성하게 하시고 아니요가 아니라 예로써 순종의 제직과 순종의 성도가 되어 이 시대에 하나님이 찾으시는 하나님의 마음에 합한 자가 되게 하시옵소서.

하나님께서 우리 동부공동체를 부르실 때까지 맡긴 소중한 직분을 사명감을 가지고 충성을 다하게 하시옵소서.

새해에도 노장로님과 노권사님들의 건강을 지켜 주시고 어린 생명까지 주님의 보호하심과 인도하심이 있게 하시옵소서. 이시간 하나님의 사자 목사님께 거룩한 하나님의 음성이 들려지게 하시고 성령님의 임재가 충만하게 하시옵소서.

온교우들이 하나님이 찾으시는 예배자로 부름을 받아 더욱더 영성이 회복되게 하시고 요셉이 가는 곳마다 형통의 복을 받은 것처럼 오늘 동부공동체 모든 성도님들에게 주님이 주신 형통과 은혜가 넘치게 하시옵소서.

존귀하신 우리 구주 예수님의 이름으로 기도하옵나이다.

아멘!

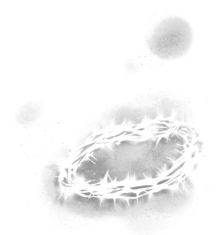

2월의 기도

이월의 새아침에 새벽 차량 아침을 가른다.

아직도 찬바람이 옷깃에 스며드는 찬공기다.

세상풍파 모진고통 긴 겨울잠 지나가게 하시니

영혼의 안식처 생명의 강수가 성전에 임하네.

꽃잎이 피기 전 천일화가 봄편지 꽃으로 찾아왔네.

긴 동설의 맺어진 송이송이 피어나는 천일화는

우리 아버지가 자라나게 하시고 꽃을 피게 하셨다네.

눈밑에서 생명의 힘으로 솟아나 피어나는 복수초

연노란꽃 피어 반기는 하나님 찬양 동설에 피었네.

메마른 땅 솟아난 복수초 꽃을 피우고 찬양하네.

할렐루야 할렐루야 아침 햇살처럼 찬양하세.

이월에 영성이 새로워지고 말씀과 기도로서 깨어있게 하소서.

순결한 주님의 신부로서 성결한 마음으로 거듭나서

우리 신랑 재림 예수 고대하며 믿음으로 영접하네.

2월의 기도

할렐루야!

오늘까지 하늘 양식과 은혜를 내려주신 하나님께 감사를 드립니다.

한 주간도 언행심사 잘못한 것 죄악 속에 살았던 저희들을 이 시간 정한 우슬초로 깨끗하게 씻어 주시옵소서. 새해를 맞이하여 두렵고 떨리는 마음으로 섰사오니 하나님이시여 저희들을 긍휼히 여겨 주시옵소서.

존귀하신 하나님 아버지!

올 한해는 하나님께서 찾으시는 예배자로 출발하고자 합니다. 먼저 저희들의 마음과 뜻과 정성이 오직 예수님으로 가득 차게 하시옵소서.

그리하여 저희들이 날마다 순례자 길을 갈 때 주님과 동행하며 감사하며 섬기는 공동체가 되게 하시옵소서. 자비의 하나님 아버지! 말씀의 빛으로 인도하여 주시옵소서.

육신적으로 연약한 성도님과 경제적으로 어려움을 겪고 있는 우리 성도님들의 삶에 다시 한번 주님이 주신 평강과 은혜가 있게 하시옵소서.

먼저, 영성이 회복되며 주님의 군사된 자로서 동부공동체의 영적 파수꾼으로 새롭게 출발하게 하시고 물질의 복도 내려주시옵소서.

능력의 하나님 아버지!

온 성도님들이 하나님을 감동시키는 예배자가 되게 하시고 마음 속에 아직도 해결하지 못한 쓴뿌리와 잡초를 제거하며 물댄 동산같이 사시사철 사랑의 꽃이 피고 은혜의 열매가 열리며 찬양이 넘치는 동부공동체가 되게 하시옵소서.

참 좋으신 하나님 아버지!

우리 교회가 주님 안에서 서로서로 사랑하게 하시옵소서.

나와 생각이 다를지라도 모두의 의견이 분분할지라도 한 번 결정되면 순종하며 함께 십자가를 지고 앞으로 나아가게 하시옵소서.

"사랑하는 자들아 우리가 서로 사랑하자", "사랑은 허다한 죄를 덮는다" 하였습니다. 갈등과 원망과 불평이 있는 곳에 말씀의 능력으로 치유되게 하시옵소서.

그리하여 저희들을 위해 십자가에서 희생당하신 우리 주님의 사랑에 감사하며 더욱더 충성하며 섬기게 하시옵소서.

이 시간 하나님의 사자 목사님께서 말씀을 선포하실 때 성령님의 임재가 있게 하시고 저희들 심령의 문을 열고 하나님의 음성을 듣게 하시옵소서.

우리 목사님께 영권을 더하여 주시사 말씀을 능력으로 선포하게 하시고 죄인들이 회개하며 잠자던 영혼들이 깨어나며 부정적 생각에서 긍정의 생각으로 불신지옥에서 영생의 천국으로 인도하여 주시옵소서.

장기적으로 병원에 입원하신 김진우 장로님과 육신의 질고로 고통 당하는 교우들에게 말씀의 은혜로 깨끗이 치유되게 하시옵소서.

한해 동안 주님을 위해 충성 봉사하실 청지기들에게 주님이 주신 평강의 은총이 넘치게 하시옵소서.

카리스 중창단이 하나님이 기뻐하시는 입술의 열매를 드리게 하시고 감사의 예배를 드리게 하시옵소서.

길이요 진리요 생명이 되신 우리 구주 예수님의 이름으로 기도하옵나이다.

아멘!

2월의 기도
02-02

할렐루야!

교회의 머리가 되시는 하나님 아버지 은혜를 감사합니다.

우리 동부교회가 광야같은 세상에서 영적 싸움을 이기고 창립 28 주년을 맞이하게 하심을 감사드립니다. 매일매일 광야의 순례자의 길을 갈 수 있게 하시오니 감사를 드립니다.

"너희는 이전 일을 기억하지 말며 옛날 일을 생각하지 말라 보라 내가 새 일을 행하리니 이제 나타낼 것이라"(사 43:18, 19)는 말씀을 기억합니다.

감사하신 하나님 아버지!

새해 우리 교회의 주제는 '함께 기뻐하고 함께 울라' 입니다.

"물 가운데로 지날 때도 내가 너와 함께할 것이다 강을 건널 때 물이 너를 침몰치 못할 것이요 네가 불 가운데를 지날때에 타지도 아니할 것이요 불꽃이 너를 사르지 못하리니"라고 하신 하나님의 약속이 온 교우들에게 이루어지게 하옵소서.

능력의 하나님 아버지!

2016년 사역자, 교사, 구역장, 권찰, 남녀선 교회 등 모든 부서마다 충성케 하시고 말씀과 기도로 채워지는 교회가 되게 하시옵소서.

평안하며 든든히 서가며 주를 경외하므로 성령의 위로가 있는 교회, 지경이 넓혀지는 교회 되게 하시옵소서.

기도외에 다른 것으로 능력이 나갈 수 없다 하셨사오니 기도하는 습관이 이루어지게 하시고 영적인 무장을 통하여 이 세상의 것들과 싸워 승리하게 하옵소서.

은혜로우신 하나님 아버지!

북한의 핵 위협으로 인한 남북한 긴장상태에서 벗어나 평화와 통일이 되게 하시고 우리 민족이 하나되어 새로운 공생공영하는 한해가 되게 하시옵소서.

이 시간 목사님께서 말씀을 선포하실 때에 하나님의 말씀으로 들리게 하시고 영적인 엔진을 충전하여 올 한해도 영성회복과 치유의 역사와 평강이 있게 하시옵소서.

이 시간 병원에 입원하신 ㅇㅇㅇ자매 ㅇㅇㅇ집사 ㅇㅇㅇ권사 ㅇㅇㅇ장로 그 외 외래환자 모두 건강이 회복되게 하시고 완전 치유하여 교회에서 함께 예배드리게 하여 주옵소서. 그들을 고쳐주시옵소서. 완전하게 치유하여 주시옵소서.

강력한 성령의 불을 허락하사 변화와 결단, 새로운 비전을 품게 하시고 일어나 빛을 발하게 하시옵소서.

　　다니엘 중창단을 세워주셨사오니 찬양이 오직 하나님께만 영광이 되게 하시고 곡조 있는 기도로 은혜의 보좌 앞에 상달되게 하시옵소서.

　　한주간도 교회 꽃꽂이로, 차량봉사, 중식, 청소, 교통정리, 환경미화, 화장실 청소 등 보이지 않는 곳에서 수고하시는 손길마다 주님이 주신 평강이 있게 하시옵소서.

　　길이요 진리요 생명이 되신 우리 구주 예수그리스도의 이름으로 감사하오며 기도하옵나이다.

　　아멘!

2월의 기도
02-03

할렐루야!

참좋으신 하나님 아버지 은혜를 감사합니다.

희망찬 새해 정유년이 밝아왔습니다. 새해는 우리 사회 어둠의 권세들이 물러가게 하시고 하나님이 주신 은혜의 빛이 이 땅과 한국 교회 위에 임하게 하시옵소서.

부정적 언어와 비판과 음해, 저주가 사라지게 하시고 참으로 우리사회에 암적인 존재인 계층간 지역간 세대간 분쟁이 없어지게 하시고 하나님이 주신 평강이 이 땅 위에 임하게 하시옵소서.

이스라엘 백성들이 430년 동안 억압받은 후, 출애굽할 때 홍해를 가르시고 바닷물이 물러가게 하시니 바다가 마른 땅이 된 것처럼 이 나라 이 민족의 어둠의 권세들이 홍해가 갈라진 것처럼 물러가게 하옵소서.

그리하여 이 나라의 정치 경제 사회 문화 과학 국방에 이르기까지 하나님이 보호하여 주시고 인도하여 주시옵소서. 이스라엘 40년 광야 생활에서 하나님께서 그들앞에서 가시며 낮에는 구름기둥으로 그들을 인도하시고 밤에는 불기둥을 그들에게 비추사 밤낮으로 진행하게 하신 것처럼 이 나라 이 민족과 한국의 모든 교회 위에도 하나님이 함께하시사 분열이 있는 곳이 하나되는 역사가 일어나게 하옵소서.

사랑의 하나님 아버지!

이스라엘 백성들이 광야 40년을 지내는 동안 만나와 메추라기를 주셨듯이 이 나라 경제에도 만나와 메추라기를 주셔서 수출이 늘어나고 노사가 안정되고 기업은 재투자하여 젊은 이들의 일자리가 창출되게 하시옵소서.

이 시간 목사님 말씀하실 때 하나님의 임재의 역사가 있게 하시고 설날 고유 명절을 맞아 길 떠나는 믿음의 형제들이 안전하게 하옵소서. 생명의 말씀, 은혜의 말씀으로 상한 자가 치유되게 하시고 육신의 병고도 고쳐지는 역사가 있게 하시옵소서.

새해에도 우리들 앞을 가로막는 불 같은 시험도 말씀의 은혜로 능히 승리할 수 있는 이 나라와 모든 교회가 되게 하시옵소서.

우리 구주 예수님그리스도의 이름으로 기도하옵나이다.

아멘!

2월의 기도
02-04

사랑의 하나님 아버지!

정유년 새해가 밝았습니다. 허물 많은 저희들이 일 년 동안 하나님 은혜 가운데 지내왔음을 감사합니다.

좋으신 하나님, 목마른 내 영혼이 오늘도 주님을 갈망합니다.

세상 속에서 살면서 잘못된 언행심사 용서하여 주옵소서. 하나님의 은혜로 주신 귀한 영생수 이 시간 저희들에게 충만하게 내려 주시옵소서.

하나님의 성전을 사모하게 하시고 저희들의 기도를 응답하여 주시사 날마다 은혜의 강수로 충만하게 하시옵소서.

사랑의 하나님 아버지!

부족한 저희들에게 찾아오시고 구속의 은혜를 주시니 참으로 감사합니다.

저희들이 세상에서 환난과 고통, 무서운 불시험을 당할 때도 하나님께서 거뜬히 이기게 하시고 주님이 약속하신 성령의 임재가 저희들의 영혼을 깨우게 하셨으니 감사합니다.

사랑의 하나님 아버지!

주님께서 저희들을 위하여 피흘려 주시고 저희들의 주홍 같은 붉은 죄를 속량하여 주셨사오니 그 은혜 너무나 감사합니다.

저희들이 세상에서 방황할 때 주님께서 찾아오셔서 죄중에 빠져 있고 영원히 죽은 인생을 구원하시려고 십자가의 사랑, 그 귀한 보혈의 피를 흘리신 주님 너무나 감사합니다.

진리의 하나님 아버지!

우리가 사는 인생이 유한함을 압니다.

백 년을 산다할지라도 잠시 왔다가 가는 나그네 길임을 압니다.

하나님께서 우리를 부르시면 우리의 본향, 하나님 계신 곳으로 모든 것을 내려두고 가야합니다.

저희들이 매일매일 순례자의 길을 갈 때도 저희들의 내면세계의 추한 모든 죄를 씻어주시고 내 영혼에 안식이 있게 하여 주시옵소서. 저희들이 사는 동안 아버지의 그 영광의 품을 떠나지 않게 하시고 날마다 하나님의 은혜의 말씀, 생명의 말씀, 구원의 말씀, 죄사함의 말씀, 천국 소망의 말씀으로 부활의 증인이 다 되게 하시옵소서.

이 시간 하나님의 사자 우리 목사님이 말씀하실 때 하나님의 음성으로 듣게 하시고 세상과 나는 간 곳 없고 오직 예수님만이 보이게 하시고 새 생명의 감격과 감사, 은혜가 충만하여 하나님께 영광이 되게 하시옵소서.

한 주간도 교회를 섬기시는 주의 종들에게 하나님이 주신 평안과 하나님의 사랑의 권세로 정유년 새해에도 갑절로 부흥하는 교회, 든든히 세워져가는 교회, 한마음을 품고 서로 용서하고 이해하고 감사하는 교회가 되게 하시옵소서.

우리 구주 예수그리스도의 이름으로 감사하오며 기도하옵나이다.

아멘!

2월의 기도

02-05

좋으신 하나님 아버지! 새해가 밝아왔습니다.

2017년 새해에 하나님의 은혜의 보좌 앞에 나와서 겸손히 하나님 앞에 예배를 드리게 됨을 감사합니다. 천하고 무능한 저희들에게 귀중한 직분을 맡기셨고 그 은혜 감사하여 오직 하나님께 순종하며 충성을 다하게 하시옵소서.

역사를 주관하시는 하나님 아버지! 대한민국 우리의 조국을 굽어 살펴주시사 이 민족이 자유민주주의 시장경제 그리고 정치가 국민을 위한 국민에 의한 정치가 되게 하시고 국민 위에 군림하는 정치가 아니라 더 낮은 자세로 국민을 섬기는 정치가 되게 하시고 이제부터 새나라 새로운 정치, 도덕정치, 협력정치로 국가가 안전하게 운행할 수 있게 하시옵소서. 노동자는 회사에서, 교수는 강단에서, 공무원은 현장에서, 경찰관은 치안을 위해 주어진 일에 최선을 다하여 선진국으로 거듭나게 하시옵소서. 막혔던 수출도 열리게 하시고 젊은이들은 취업의 문이 열리며 삼면이 바다인 우리나라의 어획고가 늘어나며 어장이 풍부 할 수 있게 하나님이 인도하여 주시옵소서. 대내외 적으로 한반도에 다시는 전쟁이 없게 하시고 대결보다 한민족의 동질성을 찾아 민족통일에 새로운 이정표가 될 수 있도록 인도하여 주시옵소서. 그리하여 북한에 무너진 교회가 다시 세워지게 하시고 국민이 주인이 되는 나라가 되게 하시옵소서.

사랑의 하나님 아버지! 올해의 우리 교회 예산이 차고도 넘치게 하시고 부흥의 역사가 일어나게 하시옵소서. 온 청지기들이 맡겨진 그 책임을 잘 감당하게 하시옵소서. 부르심을 받은 교우들이 잘 섬기고 영혼구원을 위해 불타는 사명감으로 최선을 다하게 하시옵소서. 우리 교회에 찬양이 떠나지 않게 하시고 영혼의 울리는 맑은 가락으로 하나님께만 영광이 되게 하시옵소서.

연로하신 어르신들이 영육간에 강건케 지켜 주시옵고 심령의 근심이 떠나며 평안을 누리게 하시옵소서. 이 시간 하나님의 사자 목사님 말씀을 전하실 때 교회 온 성도들이 아멘하게 하시고 우리 교회의 지경이 넓혀지는 축복이 있게 하시옵소서.

주님이 주신 그 은혜 너무나 감사하며 더욱더 충성을 다하는 온 성도들이 되게 하시옵소서.

예수그리스도의 이름으로 기도하였습니다.

아멘!

2월의 기도
02-06

다사다난했던 2016년도 역사의 한 페이지를 넘기시고 희망찬 정유년 새해 2월의 첫 주일예배를 하나님께 드리게 하심을 감사합니다.

좋으신 하나님 아버지! 저희들이 년초에 계획했던 충성스러운 청지기로 살고자 나는 죽고 예수로만 사는 믿음의 경주를 하고자 하였으나 아직도 나의 자아가 깨어지지 못함을 용서하여 주시기 원합니다.

좋으신 하나님 아버지! 저희들이 하나님을 믿는다고 하지만 언행이 그리스도인으로서 세상에서 지탄의 대상이 되고 있음을 용서하여 주시옵소서. 사랑하라고 하였지만 사랑하지 못하였고 용서하라 하셨지만 용서하지 못하였고 네 이웃을 네 몸과 같이 사랑하라 하셨지만 그렇게 하지 못했습니다.

자비의 하나님 아버지! 아직도 교회가 갈등 속에 처하여 믿는 자의 본이 되지 못함을 회개하오니 용서하여 주시옵소서.

좋으신 하나님 아버지! 올 한해도 우리 교회와 우리 민족 그리고 한국교회가 영적으로 깨어있게 하시옵소서. 먼저 믿는 저희들이 새벽을 깨워 이 민족과 인류의 평화를 위해 기도하게 하시고 복음전파 사역을 위해 중보기도하게 하시옵소서.

그리하여 날마다 연약하기에 나를 쳐 복종시켰듯이 주님의 이름으로 기도하게 하시고 주님의 뜻대로 행동하는 그리스도인이 되게 하시옵소서. 사랑의 하나님 아버지! 또 저희들이 때를 얻든지 못 얻든지 주님의 말씀에 순종하여 사회에서나 직장에서나 하나님의 말씀을 전파하여 그리스도인으로서의 사명을 감당케 하시옵소서. 사랑의 하나님 아버지! 올해도 우리나라가 격동의 한해가 될 것 같습니다.

정의와 공의로 하나님의 말씀 중심으로 한마음을 품고 빛의 자녀로서 어둠의 권세를 물리치게 하시고 교회부흥에 목말라 하는 당회와 제직회, 온 성도들이 다 되게 하시옵소서. 아주 작은 일 하나라도 성실히 정직하게 겸손하게 섬기며 최선을 다하여 하나님이 기뻐하시는 우리들의 공동체가 되게 하시옵소서.

자비의 하나님 아버지! 이 나라를 하나님이 지켜 주시고 보호하여주시사 정치, 경제, 사회문화, 수출, 한류에 이르기까지 하나님의 은혜가 충만히 임하여 결실하는 2017년이 되게 하시옵소서.

우리 구주 예수그리스도의 이름으로 감사기도 하옵나이다.

아멘!

2월의 기도

인자하시고 생명과 반석이 되시는 하나님 아버지 은혜를 감사합니다.

오늘 거룩한 성일을 맞이하여 주님의 영광의 임재가 있는 몸된 성전에서 하나님의 성호를 찬양하게 하시니 감사 드립니다. 오늘은 우리 민족의 명절인 설날을 맞이하여 고향으로 떠나는 교우들이 많이 있습니다. 어느 곳에 있든지 이 시간을 기억하여 하나님께 경배를 드리게 하시옵소서. 또 고향의 부모님, 친지를 만나 같이 예배드리는 하나님의 자녀들에게 하나님의 음성을 듣게 하시옵소서.

사랑의 하나님 아버지!

올해는 우리 온 교우들이 새벽마다 기도의 문을 열게 하시옵소서. 그리하여 진심으로 교회부흥과 가정과 나라를 위해 영적인 파수꾼이 되게 하시옵소서.

감사하신 하나님 아버지!

올 한해는 하나님 마음에 합한 성도가 되게 하시옵소서. 다윗처럼 내 맘에 합하다는 주님의 칭찬받는 성도가 되게 하시옵소서.

은혜로우신 하나님 아버지!

올 한해는 사명인이 다 되게 하시옵소서. 그리하여 호렙산에서 모세가 하나님의 사명을 받은 것처럼 하나님께 쓰여지는 온 교우들이 되게 하시옵소서.

자비의 하나님 아버지,!

올 한해는 순종의 신앙인이 되게 하시옵소서. 아브라함이 하나님 앞에 순종하므로 복을 받은 것처럼 우리 모두 하나님께 순종하므로 영적인 축복과 소산의 축복, 생업의 축복, 자녀의 축복, 기업 번창의 축복을 받게 하시옵소서.

참좋으신 하나님 아버지!

생활고와 직장관계로 어려움 중에 있는 교우들이 있습니다.

먼저 예배가 회복되게 하시고 인생 최고의 가치는 하나님이시라는 것을 한시도 잊지 않게 하시옵소서. 예배가 회복되어 주님이 기뻐하시는 자녀들이 되게 하시옵소서.

능력의 하나님 아버지!

연세가 많으신 노 장로님들과 노 권사님들의 건강을 지켜주시옵소서. 온 교우들에게 어려움이 없게 하시고 장기간 병원에 입원하신 장로님 그리고 외래진료를 받으시는 교우들을 고쳐주시옵소서. 쾌차하게 하시옵소서.

"내가 너의 상처로부터 새살이 돋아나게 하여 너를 고쳐주리라"(렘 30:17 하)고 하신 말씀처럼 주님의 능력으로 완전하게 치유하여 주시옵소서.

이 시간 하나님의 사자이신 목사님께서 말씀선포하실 때 하나님의 음성으로 듣게 하시고 불 같은 성령으로 충만하게 하시옵소서.

저희들이 아무리 열심히 한다 할지라도 저희들 힘으로는 아무것도 할 수 없습니다.

하나님 아버지, 도와주시옵소서. 하나님께서 역사하시고 인도하여 주시옵소서.

그리하여 올해는 갑절로 부흥하는 교회, 은혜로운 교회, 소문난 교회, 하나님의 임재가 있는 교회, 주님 한분 만으로 만족하며 성령이 충만한 교회가 되게 하시옵소서.

인자하신 하나님을 찬양하며 생명의 길, 구원의 길로 인도하시는 예수그리스도의 이름으로 기도합니다.

아멘!

2월의 기도

02-08

참 좋으신 하나님 아버지 은혜를 감사합니다.

설날을 맞이하여 귀향길에 오른 성도님을 보호하여 주시고 이 시간 하나님 성전에서 예배를 드릴 수 있게 하였사오니 감사합니다.

이 시간 예배를 드릴 때 신령과 진정으로 드려진 예배가 되게 하옵시고 하나님이 찾으시고 기뻐하시는 예배자, 하나님 맘에 합한 예배자가 되게 하시옵소서.

존귀하신 하나님 아버지!

우리 동부공동체가 하나님의 말씀을 따라 순종하는 공동체가 되게 하시옵소서.

먼저 영성이 회복되게 하시고 거룩한 안식일을 지키며 무엇보다도 예배가 인생에서 가장 중요한 우선순위임을 깨닫고 일생을 예배에 집중하게 하시옵소서.

먼저 주일을 맞기 전에 성결하게 준비된 마음과 단정한 몸으로 하나님을 만나는 예배자가 되게 하시옵소서.

낳으시고 기르셨던 노 부모님에게 효를 다하게 하시고 섬기며 순종하게 하시옵소서.

"네 부모를 공경하라 그리하면 네 하나님 여호와께서 네게 준 땅에서 네생명이 길리라" 하셨사오니 우리 모두 부모 형제 가족 친지 모두 천륜의 법을 잘 지키면서 믿는 자의 자세로 서로가 섬기며 존중히 여기게 하옵소서. 공동체와 가정에서 화목함으로 작은 천국을 이루어 부모님께 효를 다하는 자녀들이 다 되게 하시옵소서.

존귀하신 하나님 아버지!

올해는 우리 성도님들의 건강을 지켜주시옵소서. 건강은 저희들의 삶의 재산이요 자본입니다. 온 성도님들이 하나님이 주신 평강의 복을 받게 하시옵소서.

능력의 하나님 아버지!

우리 동부공동체 권속들의 일자리와 취업의 문이 활짝 열리게 하시옵소서. 직업은 생계를 유지하는 기본 원천이요 경제적으로 독립의 기초입니다.

경제가 안정이 되어 정신적으로 안정된 삶과 신앙 생활을 할 수 있도록 인도하여 주시옵소서.

은혜로우신 하나님 아버지!

우리 동부공동체의 온 성도님들의 가정을 지켜주시옵고 복되게 하시옵소서.

가정은 부모형제 자녀들이 살아가는 혈연 공동체로 사랑과 애정의 공동체입니다. 신앙과 인격형성과 성실함, 정직과 도덕성을 기초로 하는 윤리 공동체로 하나님이 친히 호주가 되셔서 사철의 봄바람이 불어오는 삶의 안식처가 되게 하시옵소서.

　　이 시간 하나님의 사자 목사님께서 말씀하실 때 성령님께서 영혼을 깨우는 말씀되게 하시옵소서. 주일예배팀을 세워주셨사오니 찬양을 통해서 하나님께 영광 돌리게 하옵소서. 예배의 시종을 주님께 의지하옵고 길이요 진리요 생명이 되신 우리 구주 예수그리스도의 이름으로 감사하며 기도하옵나이다.

　　아멘!

3월의 편지

긴 겨울의 터널을 빠져나오기 위해
봄이 오는 길목에서 마지막 한기를 느낀다.
차가운 대지 위에 바람마저 공기를 차게 한다.
세월이 가고 또한 자연은 원래대로 가는 것이지만
새로운 봄이 잉태하는 것은 전능하신 하나님의 창조의 질서
입춘대길을 지나 우수를 찾아오네.
우수를 지나며 우리의 북쪽 땅 대동강 얼음이
풀어진다는 옛 어르신네들의 구전으로 전해오는 말씀
또 한해가 세월을 빠르게 재촉하는지
인생의 무상함이 사무치네.
하늘과 별과 같이 수많은 사연이 가슴에 안긴 채
묻어둔 깊은 상처가 내면의 세계 무겁게도 덮어졌네.
새벽에 일찍 일어나 정화된 마음으로 성전에 나아가
내 아버지 집에 찬송과 기도의 제물이 향기롭네.
옛적에도 계시고 지금도 계시는 성자성부성령 하나님
은혜의 보좌에 나아갈 때 우리 인생에 기쁨과 성령의
감동과 감화가 매일매일 순례자에게 찾아오시네.

3월의 기도
03-01

거룩하시고 자비로우신 하나님 아버지 은혜를 감사합니다.

한 주간도 언행심사 잘못된 것 많았사오니 용서하여 주시옵소서.

죄악 가운데 살아온 저희들에게 이 시간 죄사함을 받게 하시고 하나님의 은총 가운데 거룩한 하나님의 자녀로서 성화되어 가게 하시옵소서.

이 시간 하나님의 말씀을 들을 때 성령의 임재가 있게 하시고 믿음의 새싹이 심령 가운데 활짝 피어나게 하시옵소서. 그리하여 저희들의 죄악으로 무디어진 심령이 성령의 단비로 은혜의 강수로 깨끗이 씻기게 하옵소서. 빈 들의 마른 풀같이 시들어 버린 저희들의 메마른 영혼 위에 성령님의 단비로 흡족히 적셔주시옵소서.

사랑의 하나님 아버지! 저희들이 하나님을 믿지만 영적인 체험이 부족하여 때로는 넘어지고 세상 속에 살 때가 많았습니다. 저희들이 일생의 순례자 길을 갈 때 구별된 삶이 되게 하시고 그리스도인으로서 세상의 빛이 되고 소금이 되어 하나님 마음에 합한 자들이 다 되게 하시옵소서. 성령님의 생수를 마시는 자는 갈급한 심령이 변화되고 성령님의 충만한 임재를 체험하는 자는 일생동안 하나님의 복음의 사역자로서 충성된 종이 되는 것처럼 이시간 영성의 말씀과 찬양과 성령님의 은혜가 강권적으로 임하여 주시옵소서.

은혜의 하나님 아버지! 성령님의 임재와 영성으로 단련한 그리스도인은 시기와 질투는 사라지고 반목과 갈등은 모두 사라지고 오직 주님이 원하시는 사랑과 은혜와 용서로 모든 허물을 덮을수 있으며 겸손히 섬김의 자세로서 나보다 남을 낫게 여기고 공동체가 꼭 필요로 하는 주님의 일꾼이 다 되게 하시옵소서. 이 시간 하나님의 사자 목사님 말씀 전하실 때 성령님의 권능으로 역사하시사 그리스도의 복음이 전파되게 하시옵소서. 그리하여 에스겔 골짜기의 불어오는 생명의 바람이 되게 하시옵소서. 이 시간 사자 목사님 말씀에 능력을 주시사 불과 같은 성령이 모든 심령 위에 임하시어 죄의 뿌리를 소멸하고 거룩한 주님의 백성이 되게 하옵소서.

이 시간 찬양대를 세워주었사오니 오직 하나님께 영광돌리게 하옵소서. 한 주간도 교회를 섬기시는 모든 청지기들에게 하나님이 주신 평화가 있게 하시옵소서.

길이요 진리요 생명이 되신 우리 구주 예수그리스도의 이름으로 기도합니다.

아멘!

3월의 기도
03-02

상한 자를 찾으시고 상한 감정을 치유하시는 하나님 아버지 은혜를 감사합니다.

거룩한 성일을 맞이하여 하나님의 성호를 찬양하며 영광을 올려드립니다. 한 주간도 삶속에 언행심사 잘못된 것 많았사오니 용서하여 주시옵고 죄사함을 받게 하여 주옵소서.

사랑의 하나님 아버지!

올해 우리 동부공동체에 임마누엘의 복이 있게 하시옵소서. 하나님이 함께하시는 복, 성령님의 임재가 있는 복, 하나님의 언약의 복이 우리 동부공동체의 가정마다 충만하게 하시고 에녹같이 하나님과 매일 동행하는 복이 있게 하시옵소서.

능력의 하나님 아버지!

우리 성도들 가정마다 풍성함으로 넘치게 하시고 삶에 목마름이 없도록 은혜의 샘이 터지는 복이 넘치게 하시옵소서.

자비의 하나님 아버지!

요셉에게 형통의 복을 주셨듯이 요셉의 가지는 샘가의 무성한 가지여서 그 가지가 담장을 넘었다고 하였습니다. 우리 동부공동체의 온 교우들이 범사에 감사가 넘치게 하시고 기름병의 기름이 떨어지지 않도록 하시고 담장을 넘는 임마누엘 하나님의 복이 있게 하시옵소서.

존귀하신 하나님 아버지!

이 시간 예배를 드릴 때 하나님의 영광의 임재가 있게 하시고 성령님의 인도하심이 저희들의 심령 속에 역사하게 하시옵소서.

이곳이 야곱이 하나님을 만났던 벧엘이 되게 하시고 엘리야가 하나님께 기도했던 갈멜산이 되게 하시고 질그릇 같고 지렁이 같이 연약하고 부족하여 모든 것이 막히는 절망속에 통회하며 회개한 미스바의 성회가 되어서 우리 민족과 한국교회와 우리 동부공동체 모든 가정이 회복되는 역사가 일어나게 하시옵소서.

이 시간 하나님의 사자 목사님 단 위에 세워주셨사오니 말씀을 선포하실 때 영력을 7배나 더하여 주시고 말씀이 살아서 저희들 심령이 회복되는 시간이 되게 하시고 예수님의 군사로서 승리의 삶을 살아가게 하시옵소서. 이 시간 찬양을 드리고자 합니다. 찬송이 향기로운 제물이 되게 하시고 나는 죽고 예수로 살아가게 하소서. 올해 전도의 대역사가 일어나게 하시옵소서.

동부교회의 지경이 넓혀지게 역사하옵시고 한 영혼에 집중하게 하시옵소서. 존귀하신 우리 구주 예수그리스도의 이름으로 기도합니다.

아멘!

3월의 기도
03-03

"너희는 옷을 찢지 말고 마음을 찢고 너희 하나님 여호와께로 돌아올지어다 그는 은혜로우시며 자비로우시며 노하기를 더디 하시며 인애가 크시사 뜻을 돌이켜 재앙을 내리지 아니하시나니 주께서 혹시 마음과 뜻을 돌이키시고 그 뒤에 복을 내리사 너희 하나님 여호와께 소제와 전제를 드리게 하지 아니하실는지 누가 알겠느냐"
(욜 2:13, 14)

할렐루야!

영광과 존귀와 찬송을 영원히 받으시기에 합당하신 하나님 아버지 은혜를 감사합니다. 한 주간도 언행심사 잘못된 것 많았사오니 용서하여 주시옵소서.

은혜로우신 하나님 아버지!

오늘 거룩한 주의 날에 주님의 백성들이 모였으니 신령과 진정으로 예배를 드리게 하옵소서. 하나님의 임재가 있는 예배, 성령님의 내주하심이 있는 예배, 하나님의 말씀과 감동과 감화가 있는 예배가 되게 하여주시옵소서.

죄인된 저희들이 마음을 찢고 진정으로 회개하는 예배, 영혼의 깊숙한 곳에 맑은 가락이 울려나는 찬송이 있는 예배가 되게 하여주시옵서.

자비로우신 하나님 아버지!

세상에서 방황하며 거친 바다를 항해 할 때 파도와 시련과 역경이 몰려 올지라도 구원의 손길을 내미시는 주님의 사랑과 구원의 손을 잡게 하여 주시옵서. 이 땅에 청년들의 일자리가 없어서 고민하고 자영업자들이 장사가 안되어 많은 어려움을 겪고 있습니다. 갈릴리 바다에 밤새 그물을 쳤지만 고기를 한 마리도 잡지 못한 베드로가 주님의 말씀에 순종하니 만선의 복을 받은 것처럼 이 시간 우리 목사님을 통하여 백절불굴의 정신으로 일어나게 하시옵소서. 이 땅에 젊은이들이 꿈을 가지고 분투 노력하여 목적한 바를 이루기에 부족함이 없게 하옵소서.

존귀하신 하나님 아버지!

주님이 주신 지상 명령 전도에 최선을 다하게 하시옵소서. 영혼의 마음을 변화시키시는 성령님의 인도하심과 사랑의 교제의 역사 속에 우리 교회에 전도의 사명에 불일 듯 일어나게 하시옵소서.

전도하는 것이 그리스도인의 사명임을 가슴 깊이 새기고 복음을 기다리는 사람들을 향해 날마다 기도하며 영적인 전투에서 승리하게 하시옵소서. 이 시간 하나님의 사자 목사님 내외 분을 비롯하여 온 성도들이 영육간에 강건하게 하시옵소서. 그리하여 심령이 편안하게 하시옵소서.

사랑의 하나님 아버지!

우리 목사님께 영권을 더하여 주셔서 부흥이 있게 하시고 주님의 마음에 합한 종이 되게 하시옵소서.

자비로우신 하나님 아버지!

교회학교 전도사님, 교육위원장, 교사들을 기억하여 주시고 다음 세대를 이끌어갈 어린 생명들에게 영생의 말씀과 토양작업을 통해서 하나님이 쓰시는 일꾼들이 우리 교회에서 많이 배출되게 하시옵소서.

은혜로우신 하나님 아버지!

이 시간도 병원에 입원해 계시는 장로님 그리고 요양원에 계시는 권사님, 집사님, 교우들을 기억하여 주시고 치유와 회복의 역사가 있게 하시옵소서. 감사하신 하나님 아버지, 이 시간 아브라함 선교회가 특송을 드립니다. 찬송이 오직 하나님께만 영광 영광이 되게 하여 주시옵소서. 길이요 진리요 생명이 되신 우리 구주 예수그리스도의 이름으로 간절히 기도하옵나이다.

아멘!

3월의 기도
03-04

교회의 머리가 되시는 참 좋으신 하나님 아버지 은혜를 감사합니다.

허물 많은 저희들을 사랑하여 주시고 용서와 구원의 은총을 베풀어주시오니 감사합니다. 이 시간 죄인들을 부르시고 잃어버린 양을 찾으시는 선한 목자의 애타게 부르짖는 사랑의 음성을 들을 수 있는 귀가 열리게 하시옵소서.

지옥에 갈 저희들을 영원한 천국으로 인도하기 위한 주님의 간절한 복음의 소리를 듣게 하시옵소서. 하늘의 보좌를 버리시고 모든 사람이 싫어하는 세리와 창기를 친구삼으시고 걸인과 나환자들의 빛이 되신 주님의 은혜를 너무나 감사합니다.

사순절을 맞이하여 깨어 기도하지 못하고 나의 유익과 세상속의 삶에 안주하다가 주님의 사랑을 잃어버렸습니다.

제자들의 발을 씻기시고 겸손과 섬김의 본을 보여 주셨지만 저희들의 내면 속에는 여전히 이기적인 자아가 남아 있습니다.

사랑의 하나님 아버지!

아버지께서 받으실 영광을 저희들이 받으려고 하였습니다. 용서하여 주시옵소서.

주님은 저희들을 위하여 멸시와 천대를 받으셨지만 저희들은 주님의 이름으로 대접을 받을 때가 많이 있었습니다. 저희들이 하나님을 믿는다고 하면서도 자아와 고집이 그대로 살아있습니다.

존귀하신 하나님 아버지!

저희들로 하여금 회개와 애통해 하는 마음으로 주님을 믿게 하시옵소서. 만물이 약동하는 새봄을 맞이하여 꽃나무마다 연한 생명이 꽃으로 피어나듯이 우리 동부교회 부흥과 태신자들이 전도가 되게 하시옵소서.

역사의 주관자이신 하나님 아버지!

창립 25주년을 맞이하여 비전을 세우는 교회, 하나님께 감동을 줄 수 있는 공동체, 영성으로 깨어있는 교회, 성령으로 충만하며 제자교육하는 교회가 되게 하시옵소서. 초대교회처럼 모이기를 힘쓰는 교회 유무상통하고 한마음을 품고 순종하는 교회가 되게 하시옵소서.

자비의 하나님 아버지!

저희들이 무심코 던진 말 한마디가 성도 간에 아픈 가시가 되어 마음의 상처를 주었다면 용서하여 주시옵소서. 분노는 시너지와 같은 효과가 있어서 개인의 심령을 황폐하게 합니다.

우리가 죄인인 것을 날마다 깨닫게 하시옵소서.

이 시간 하나님의 사자 목사님께서 말씀을 대언하실 때 하나님의 음성으로 듣게 하시고 저희들 영혼이 윤택해지는 시간이 되게 하시옵소서.

사순절 기간 동안 주님이 흘리신 핏방울의 기도를 묵상하게 하시고 그 은혜에 감격하여 천국가는 여정 속에서 양식이 되어지는 말씀되게 하시옵소서.

한 주간도 하나님 나라를 위해 헌신하는 청지기들을 기억하여 주시고 죽도록 충성하여 하나님이 주신 생명의 면류관을 받는 자녀들이 다 되게 하시옵소서. 예배팀을 세워 주셨사오니 이들의 헌신을 기뻐 받으시옵고 영광받으시옵소서.

우리 구주 예수그리스도의 이름으로 기도합니다.

아멘!

3월의 기도
03-05

사랑과 은혜가 풍성하신 하나님 아버지 은혜를 감사합니다.

허물 많은 저희들을 사랑하여 주시고 구속의 은총을 값없이 내려 주심을 감사합니다.

'좋은 나무, 아름다운 열매'라는 금년도 표어를 주시고 일 년 동안 주님의 몸된 교회를 지켜주시고 부흥하게 하시니 감사합니다. 영혼을 사랑하는 공동체, 성령의 임재를 체험하는 공동체, 모든 성도들이 말씀을 묵상하는 공동체, 모든 구역이 한 구역 이상씩 배가되는 공동체가 되게 하심을 감사합니다.

금년도의 예산도 초과 달성되게 하시니 감사합니다.

사랑의 하나님 아버지!

오늘은 역사적인 날입니다. 초대교회처럼 안수집사 5명과 권사 7명을 피택하고자 합니다.

먼저 믿음과 성령 충만한 자, 제직으로 품행이 단정하고 교인의 의무를 다하는 자, 말없이 헌신하며 봉사하는 청지기를 주님께서 세워주시옵소서.

그리하여 우리 동부교회가 이들 일꾼들을 통하여 반석 위에 세워지는 교회가 되게 하시고 지경이 넓혀지게 하시옵소서.

"사랑하는 자들아 우리가 서로 사랑하자 사랑은 허다한 죄를 덮는다" 하였습니다.

서로가 사랑하고 서로 위로하고 서로 섬김으로 뜨거운 은혜가 넘치는 공동체가 되게 하시옵소서.

주님께서는 이 땅에 오신 것은 섬김을 받으려함이 아니요 오히려 종의 모습으로 섬기러 오셨다고 하셨습니다.

우리 모두가 주님의 무한한 사랑, 조건없는 사랑을 배우며 제자가 되게 하시옵소서.

감사의 하나님 아버지!

일 년 동안 교회를 섬기시는 유치부, 아동부, 청소년부, 제정부와 예배팀 단원과 중창단대원, 피아노반주, 구역장님과 권찰님, 차량으로 봉사, 시설관리로 봉사, 중식과 청소로 봉사하시는 청지기들을 기억하여 주시고 날마다 주님의 은혜로 충만케 하시옵소서.

이 시간 목사님을 단 위에 세워주셨사오니 영육 간에 강건함을 주시고 하나님이 주신 권세로서 말씀을 선포하실 때 온 성도들이 하나님의 음성으로 듣게 하시옵소서.

중창단의 찬양이 하늘 보좌로 올려지게 하옵시고 우리 모두 주님의 순결한 신부가 다 되게 하시옵소서.

길이요 진리요 생명이 되신 우리 구주 예수그리스도의 이름으로 기도하옵나이다.

아멘!

4월의 편지

아름다운 대한민국이여

하나님이 주신 반도 삼천리

사월의 산능선 따라 언덕진 산마루마다

연한 붉은색 불꽃이 불어온다.

화려한 이 강산 꽃이 피고 노래하는 나의 조국 대한민국 교향곡이

찬란하다. 하나님이 주신 땅 꽃이 피었다 축복의 땅

하나님이 창조하신 땅 산과 들이 아름답다.

진달래 피어있는 심심산골 골짜기

사월에 오는 편지는 나의 가슴을 설레게 한다.

불신의 이 땅위에 어둠을 뚫고 생명이 솟아오르듯이

산과 들녘에 봄바람이 불어온다.

화려한 봄의 향연이

하나님이 우리 민족에게 주신 위대한 자연의 유산 보배일세.

성도여 감사하세 성도여 기도하세 성도여 우리 하나되세.

천천 만만 년 새 역사가 자나간다 해도 우리 주님 재림때

다시오실 예수님 환영하세 찬송하세 감사하세.

지구상의 지상낙원 금수강산 우리 민족에 주신 선물

동서가 하나되고 남북이 하나되고 우리민족 단결하여

영원히 하나님이 다스리는 우리나라 되게 하소서.

4월의 기도
04-01

부활의 첫열매가 되신 참 좋으신 하나님 아버지 은혜를 감사합니다.

허물 많은 저희들을 구원하기 위하여 이땅에 중보자로 오셔서

값없는 은혜로서 구속의 인치심을 선물로 주셨사오니 감사합니다.

사망의 권세를 이기시고 부활의 승리자가 되신 우리 예수님께 영광과 찬송을 드립니다.

만물이 약동하고 산천과 들녘에 꽃으로 부활한 자연을 바라볼 때 우리 하나님의 위대한 창조의 질서를 감사드립니다.

우리 동부교회가 하나님의 섭리 가운데 목사님 위임식과 안수집사, 안수권사, 명예권사, 은퇴장로, 은퇴권사 항존직을 세웠사오니 참으로 감사합니다.

우리가 광야 인생길을 지나갈 때 때로는 상한 감정으로 넘어지기도 하고 가슴앓이도 합니다.

그래서 주님께서 영생의 길을 좁은 문으로 가라하셨습니다.

누구든지 나를 따르려거든 자기 십자가를 지고 따르라고 했습니다.

십자가 없는 길은 쉬운 것이지만 사망의 길입니다.

우리 모두 주님의 십자가를 같이 지고가는 동부교회 공동체가 되게하시옵소서.

사랑의 하나님 아버지!

저희들의 삶이 때로는 목마르고 배가 고프고 힘들고 지쳐 있을지라도 예수님만 믿고 앞으로 전진하게 하시옵소서.

인생의 가는 길 안내자 되시는 우리 주님만 따라가는 하나님의 백성들이 되게 하여 주시옵소서.

은혜로우신 하나님 아버지!

창립 22주년을 맞아 우리 동부교회가 초대교회처럼 마음이 순수한 사람들의 공동체가 되게 하시옵소서.

오늘 예배를 통해서 저희들 믿음으로 드리게 하시고 순수한 마음으로 회복되어 저희들의 자아가 깨어지게 하시옵소서. 주님만으로 만족하며 살아가게 하시옵소서.

초대교회는 하나되는 일에 힘썼습니다. 먼저 마음이 하나되고 예배와 찬양으로 하나된 것 같이 우리도 기도하므로 영성이 회복되게 하시고 서로가 격려하며 섬기며 돌보심으로 부흥되게 하시옵소서.

교회학교 유치부, 아동부, 청소년부 학생들에게 지혜를 주셔서 세계 최고의 지식과 기술 최고의 창업의 아이디어 최첨단의 과학으로 세계를 정복할 수 있는 창의력을 주시옵소서. 무한한 잠재력으로 빛난 보석들이 다 되게 하시옵소서.

사랑의 하나님 아버지!

6월 12일 총동원 주일 태신자를 출산하게 하시옵소서. 일 인 일 명 전도하여 주님의 집을 채우게 하시옵소서. 이 시간 주님의 사자 목사님께 영권을 주시되 갈멜산 불의 제단처럼 뜨거운 성령의 불이 임하여 주시옵소서. 한 주간 섬기시는 모든 청지기들이 은혜 충만하게 하시옵소서. 우리 구주 예수그리스도의 이름으로 감사 기도하옵나이다.

아멘!

4월의 기도
04-02

교회의 머리가 되시며 반석이 되시는 하나님 아버지 은혜를 감사합니다.

저희들이 무엇이관대 허물 많은 죄인들을 만인 제사장으로 삼아 주시고 누구든지 그리스도 예수님을 믿으면 자녀되는 은혜를 주심을 감사합니다.

나의 하나님 여호와여! 주의 종의 기도와 간구를 돌아보시며 주의 종이 주 앞에서 부르짖는 것과 비는 기도를 들으시옵소서. "내 집은 만민이 기도하는 집이라" "오직 여호와는 성전에 계시니 온 땅은 그 앞에 잠잠할지라 하시니라."

할렐루야!

사랑의 하나님 아버지! 이 못난 죄인들을 이토록 사랑하여 주십니까? 저희들 주님을 위해 몸바쳐 행한 것이 없는데 왜 이토록 긍휼히 여기십니까?

용서하여 주시옵소서.

감사의 하나님 아버지 차디찬 대지 위에 생명이 솟아나게 하셔서 자연을 통해 생명의 부활을 보여 주시니 감사합니다. 앙상한 나뭇가지의 산마다 들녘마다 아름다운 꽃들을 허락하사 하나님의 아름다운 솜씨와 창조의 질서를 보여 주시오니 감사합니다.

인자하신 하나님 아버지!

우리 동부교회가 창립 24주년을 맞이하였습니다. 이제는 청년의 시대를 열게 하시고 부흥되게 하심을 감사합니다.

한 영혼에 집중하게 하시고 영혼구원에 전심을 다하는 복음 전도자들이 다 되게 하시옵소서. 어떠한 시련이나 연단이 찾아올지라도 분별력을 주시옵소서. 자신에게는 엄격하고 공동체 모든 사람에게는 따뜻한 마음의 그리스도의 심정이 되게 하시옵소서.

한 영혼을 소중히 여기시는 주님의 마음을 품게 하시며 주님의 어린 양이 되어 목자의 음성을 듣고 순종하는 겸손한 성도들이 다 되게 하시옵소서.

은총의 하나님 아버지!

교회 부흥을 위해 무릎으로 헌신하게 하시고 무슨 일을 하더라도 주께 하듯 하고 성실히 최선을 다하여 하나님의 맘에 합한 자 되게 하시옵소서.

여호와라파 치료의 하나님 아버지!

장기적으로 입원하고 계신 ○○○장로님 건강이 회복되게 하시고 폐렴이 완전하게 치유되게 하시옵소서.

자리에서 일어나게 하나님 역사하여 주시옵소서.

또 교우님들 중에 심령이 약한 자, 잠못 이루는 교우들이 있습니다.

주님 찾아가 주시고 심신이 강건하게 하시고 하나님이 주신 평강을 얻게 하시옵소서.

좋으신 하나님 아버지 우리 동부공동체의 유치부, 아동부, 청소년부, 장년부 모두 다 하나님이 주신 형통의 복을 받기를 원합니다.

자비의 하나님 아버지, 4월 목회일정을 인도하여 주시옵고 하나님의 사자 목사님께서 하나님이 주신 영의 권세로 말씀 선포하실 때 저희들의 심령의 마음밭에 심겨지게 하시고 천국가는 양식의 말씀되게 하시옵소서.

주일예배팀을 세워 주셨사오니 시와 찬미로 오직 하나님께 영광이 되게 하시옵소서.

이 시간에도 전국 방방곡곡마다 하나님의 성전에서 예배를 드릴 때 하나님이 주신 성령의 불이 임하여 주옵시고 이 민족을 지키시고 보호하시며 구원의 은총을 허락하여 주시옵소서.

우리 구주 예수그리스도의 이름으로 기도하옵니다.

아멘!

4월의 기도
04-03

구속의 은총을 찬양하는 성도들에게 하늘 은혜를 약속하신 하나님 아버지 은혜를 감사하옵나이다. 오늘은 종려주일입니다. 유혹 많은 이 세상에서 실족하지 않고 구원해주신 은혜를 감사합니다. 은혜와 진리가 되신 하나님 아버지!

예수님께서 저희들을 위하여 구속의 은총을 내려 주셨사오니 감사를 드리옵나이다. 29년 전에 우리 동부교회를 반석위에 세워주셔서 시험과 연단을 이겨내게 하심을 감사하옵나이다.

역사의 주관자가 되시는 하나님 아버지! 우리 동부교회가 제자훈련과 사역훈련을 통해 예수님의 제자로서 낮은 자세로서 섬김의 종이 되게 하여 주시옵소서. 자비의 하나님 아버지, 하나님의 말씀의 임재가 있는 교회, 부흥의 불길이 일어나는 교회가 되게 하여 주시옵소서. 불신자들이 찾아오는 교회, 칭찬받는 교회, 초대교회처럼 유무상통하고 상부상조하는 교회가 되게 하여 주시옵소서.

사랑의 하나님 아버지! 주님의 성품을 닮기를 원하면서도 여전히 자존심을 내세웠던 저희들의 잘못을 용서하여 주시옵소서. 섬김의 본을 배웠지만 대접받기를 좋아했습니다. 이 시간 목사님의 말씀을 통하여 하늘의 평강과 소망의 기쁨으로 경배와 찬송을 드리게 하시옵소서. 그리하여 삼위일체 되신 하나님께 영광과 존귀를 드리게 하시옵소서. 저희들이 세상에 살면서 하나님의 지혜를 얻게 하여 주시옵소서.

능력의 하나님 아버지! 말씀의 권세를 더하여 주셔서 대립과 분쟁이 있는 곳에 화평을 전하는 자가 되게 하옵소서. 이 시간 축제의 천국잔치가 되게 하여 주시옵소서. 존귀하신 하나님 아버지, 거친 돌이 옥이 되기 위해 장인의 손에 의해 갈고 닦아야 빛이 나듯이 우리 교회 온 교우들도 고난을 통해서 다듬어지며 귀히 쓰임받는다는 사실을 깨닫게 하시옵소서. 사랑의 하나님 아버지! 저희들도 인내와 자제력으로 현실을 극복할 수 있게 하여 주시옵소서. 은혜의 하나님 아버지! 병중에 고통받는 환우가 있습니다. 주님께서 찾아주시고 만져주시고 고쳐주시옵소서. 완전히 치료하여 주시옵소서. 존귀하신 우리 구주 예수그리스도의 이름으로 기도하옵나이다.

아멘!

4월의 기도
04-04

저희들의 구원을 위해 전부를 주신 하나님 아버지 감사합니다.

사망의 권세를 이기시고 음부의 세계를 이기시고 부활의 첫 열매가 되신 주님 감사합니다. 공생애 3년 동안 제자훈련을 시켰지만 십자가를 앞에 두신 주님을 배반하고 저주하며 흩어져버린 제자들의 모습을 바라보며 그래도 용서하여 주신 아버지 하나님 감사합니다.

예루살렘을 떠나지 말고 성령을 받아서 복음의 증인이 되라 하시고 모든 족속으로 제자를 삼아 아버지와 아들과 성령의 이름으로 세례를 주라고 명령하신 주님, 너희는 먹든지 마시든지 무엇을 하든지 오직 하나님의 영광을 위하여 살라고 하셨습니다.

그 하나님의 사랑으로 비겁한 제자들, 성령을 받지 못하여 주님의 가슴에 대못을 박는 유약한 제자들, 실망으로 가득 차 엠마오로 가던 제자들, 주님을 알아보지 못한 영안이 어두운 제자들이 성령의 권능을 받아서 부활의 증인이 되었습니다.

의심 많던 제자 도마도 순교자리의 길을 가며 온세상 민족 가운데 예수 부활을 증언하여 저희들 이방의 나라에서도 자녀로서 구원받게 하시오니 감사합니다. 영광을 받으시기에 합당하신 하나님 아버지, 이 세상 모든 사람들이 영원한 생명이 되신 예수님을 영접하게 하시옵소서.

주님께서 "나는 부활이요 생명이니 나를 믿는 자는 죽어도 살겠고 살아서 믿는 자는 영원히 죽지 아니하리라"고 하셨습니다.

능력의 제자들이 되어 이 세상 모든 사람들에게 복음을 전하게 하옵소서. 복음의 나팔을 불며 아골골짝 어디라도 예수님 복음과 십자가 부활을 전하게 하시옵소서.

자비의 하나님 아버지!

이 땅의 모든 사람들과 하늘의 천사까지도 소리높여 부활을 찬양하게 하시고 생명의 증거와 진리와 권세로서 우리 구주 예수님의 부활을 전하게 하시옵소서.

날마다 영적으로 깨어있어 영광의 부활의 자리에 있게 하시옵소서.

예수그리스도의 이름으로 기도하옵나이다.

아멘!

4월의 기도
04-05

거룩하시고 자비로우신 하나님 아버지!

억만 죄악에서 용서받을 수 없는 죄인들이오나 독생자 예수 그리스도를 통하여 구원과 영생을 주심을 감사를 드리옵니다. 이 시간 주님 전에 모인 백성들의 지난날의 모든 죄를 사하여 주시고 기억에 나지 않는 죄도 사하여 주시옵소서. 동부교회 영원의 샘에서 영원히 목마르지 않는 영생의 말씀과 생명의 만나를 충만히 맛보는 은혜의 시간이 되게 하여 주시옵소서. 저희들이 순례자 길을 갈 때 하나님의 넓고 깊고 크신 은혜를 알면서도 행함이 없는 믿음이었습니다. 용서하여 주시옵소서. 사랑의 하나님 아버지! 저희들의 몸과 마음을 성결케 하여 주시고 인생의 무거운짐 고통의 멍에를 벗어버리게 하시고 주님의 영생의 말씀으로 거듭나게 하옵소서. 자비의 하나님 아버지! 저희들 안에 있는 좌절과 낙심, 불안과 걱정, 미래에 대하여 두려움이 하나님의 말씀의 능력으로 이기고 믿음으로 도전하고 극복할 수 있게 하여 주시옵소서. 존귀하신 하나님 아버지! 이 시간 육신의 건강 때문에 근심 걱정하는 교우들과 자영업을 하는 성도들이 있습니다. 하나님의 능력의 손으로 고쳐주시옵소서. 완전하게 치유되게 하시고 하나님이 택정한 나의 그릇이라는 사명감을 주시옵소서. 또한 장기적인 경기 침체로 어려움이 있는 사업장에 기름을 부어주셔서 기름이 떨어지지 않게 하시고 범사에 감사가 있게 하시고 부흥과 번창하게 하시옵소서. 불황을 호황으로 새로운 도전이 있게 하여 주시옵소서. 이 시간 하나님의 사자 목사님 말씀하실 때 성령님의 임재가 있는 예배, 불신자들의 영혼 구원에 영생의 말씀이 되게 하여 주시옵소서. 그리하여 위로와 평강과 회개와 용서와 천국복음의 능력이 일어나게 하시옵소서. 저희들 심령에 돌과같은 마음의 밭을 갈아 엎으시고 성령의 단비를 흡수하는 옥토가 되게 하여 주옵소서. 그리하여 소문난 교회, 칭찬 받는 교회, 초대교회의 안디옥교회와 같은 교회되게 하여 주시옵소서. 한 주간도 교회를 섬기시는 모든 청지기들에게 하나님이 주신 평화가 임하게 하시옵소서. 아브라함 선교회를 세워주셨사오니 찬송을 드릴 때 하나님께 오직 영광 영광이 되게 하여 주시옵소서. 길이요 진리요 생명이 되신 우리 구주 예수그리스도의 이름으로 기도하옵나이다.
   아멘!

5월의 편지

연사홍이 붉게 피어나고 철쭉꽃이 피어나는
오월의 하늘 아래 햇살도 따뜻하게 동산을 달군다.
산새 들새 나무마다 날아다니며 하나님을 찬양하네.
꽃바람새 노래하는 벽계수 기암절벽에
하나님이 창조하신 산목련 꽃 피었구나.
아름답다 산촌길 작은 민들레도 반겨주네.
향기로운 오월의 신부 하얀 드레스 꽃도 피었구나.
치악산 입석대 오솔길에 흘러가는 옥수 같은 물줄기도
오월의 편지소식 졸졸 흘러간다.
은혜의 강수로 찬양하라 여호와 하나님께 감사하라.
전능하신 하나님 우리들의 그 믿음으로 작은 꽃으로 피어나게 하소
서.
땅무지개 뜨는 언덕길에 피어나는 성도화 되게 하소서.
흘러가는 청정수 생수같이 시원한 주의 종이 되게 하소서.
새소리 바람소리 물소리 찬양하는 하나님이 함께하시는
하얀 미소 하얀 꽃 하얀 드레스 하얀 오월의 신부
아름답다 이 강산 화려하다 금수강산 우리나라 만세.

5월의 기도
05-01

할렐루야! 사랑과 은혜가 풍성하신 하나님 아버지 은혜를 감사합니다.

한 주간도 주님의 날개 아래에 품어주시고 오늘 거룩한 성일을 맞아 하나님 아버지 성호를 찬송하면서 예배를 드리게 하시니 감사합니다.

존귀하신 하나님 아버지!

오월은 가정의 달입니다.

오늘은 어버이주일로 지키며 부모님 사랑과 그 은혜를 깨닫게 하시옵소서.

하나님의 섭리 가운데 부모님을 통해서 이 땅에 생명을 주시고 낳으시고 길러주시고 교육시키시고 한 가정을 이루기까지 끝없는 부모님의 그 은혜를 생각하면서 효도하는 자녀들이 되게 하시옵소서.

하루 한 번이라도 문안전화와 외롭고 고독한 부모님 말씀에 청종하며 순종하게 하시옵소서. 흰머리 주름진 얼굴, 인생의 황혼의 외로움을 대화로서 관심을 가지고 최선을 다하는 자녀들이 되게 하시옵소서.

사랑의 하나님 아버지!

우리 교회는 연세 많으신 어르신들이 많이 계십니다. 노 장로님 노 권사님 그리고 병원에 입원하신 김진우 장로님의 건강이 회복되게 하시옵소서.

존귀하신 하나님 아버지!

우리 교회가 원주도성에서 구원의 방주가 되게 하시옵소서. 260명의 태신자를 품고 기도하고 있습니다. 우리 교회가 구원의 방주로서 죽어가는 영혼을 구원하는 구조대원들이 되게 하시옵소서.

우리 주위에 아직도 인가되지 못한 난파선의 구조를 기다리는 영혼들이 있습니다. 생명은 시간을 다투고 있는데 그 영혼에게 생명줄을 던지게 하셔서 주님의 절대명령 영혼구원의 사명을 잘 감당하게 하시옵소서.

자비의 하나님 아버지!

세월호에서 희생된 생명들을 하나님께서 구원시켜주옵시고 슬픔 속에 울부짖는 유족들에게 하나님이 주신 위로가 있게 하시옵소서. 이 사건을 계기로 각성과 성찰의 역사가 있게 하시고 국정변화와 개혁이 일어나게 하시며 국민의 안전을 최우선하는 나라가 되게 하시옵소서.

이 시간 하나님의 사자 우리 목사님을 세워주셨사오니 부활의 신앙이 회복되게 하시고 모든 성도가 살았으나 죽은 자가 되지 말고 죽었으나 살아있는 자가 되어 영적 부흥, 성령의 불길이 일어나게 하시옵소서.

인자하신 하나님 아버지!

말씀을 들을 때 심령이 새로워지고 정직한 영을 새롭게 하여 주셔서 주님이 찾으시는 예배자가 다 되게 하시옵소서.

이 시간 중창단의 찬양을 기뻐 받으시고 오직 하나님께만 영광 돌리기를 간구합니다.

한 주간도 맡겨진 사명을 충성스럽게 감당하는 선한 청지기들이 되게 하옵시고 날마다 성령충만하게 하시옵소서.

길이요 진리요 생명이 되신 우리 구주 예수그리스도의 이름으로 기도하옵나이다.

아멘!

5월의 기도
05-02

하나님의 뜻을 따라 태어난 생명 앓을세라 다칠세라 가슴졸이며 갖은 수고 온갖 고생 모두 바치신 어머님 아버님 지성으로 나를 키우셨네.

나를 위해 고운 얼굴 주름이 지고 나를 위해 검은 머리 희어졌으니 하늘 높다 바다 깊다 말들 하지만 어머님 아버님 사랑은 말로 다 못하네.

참 좋으신 하나님 아버지 은혜를 감사합니다.

오월은 가정의 달 하나님이 주신 축복의 달을 맞이하여 하나님께 찬미와 감사를 드립니다. 오늘은 우리 교회에서 어버이 주일로 지키게 됨을 감사하옵나이다.

바라봐도 늘 보고 싶은 분, 기쁠 때나 슬플 때나 늘 보고 싶고 불러보고 싶은 이름 어머님 아버지 그 사랑 그 은혜를 어찌 잊을 수가 있겠습니까.

사랑의 하나님 아버지!

우리 교회 연세 많으신 어른신들이 많이 계십습니다. 날마다 하나님 은혜가 충만하게 하시고 영육간에 강건하게 하시옵소서.

병원에 입원하고 계신 장로님에게 빠른 쾌유가 있게 하시고 노권사님 집사님들에게 하나님의 은총이 날마다 충만하게 하셔서 인생의 여정이 하나님이 함께하시므로 날마다 충만하게 하시옵소서.

또 소외감이 들지 않도록 늘 함께하여 주옵소서.

"네부모를 공경하라 그리하면 네 하나님 여호와가 네게 준 땅에서 네 생명이 길리라"(출 20:12).

"내 아들아 네 아비의 훈계를 들으며 네 어미의 법을 떠나지 말라 이는 네 머리의 아름다운 관이요 네 목의 금사슬이니라"(잠 1:8, 9).

감사하신 하나님 아버지!

다음주는 한마음 체육대회가 있습니다. 좋은 날씨를 허락하여 주시고 한마음이 되어 교회부흥과 체력증진 온 부서가 단합하는 시간 되게 하옵소서.

좋으신 하나님 아버지!

교회성전의 용도변경, 설계변경 하여서 건축이 은혜중에 추진되고 있습니다.

성령님께서 인도하셔서 유치부부터 장년부에 이르기까지 하나님의 성전 건축에 정성과 헌신이 있게 하시옵소서. 필요한 물질도 채워주시옵소서.

감사하신 하나님 아버지!

교회학교 말씀사역과 교사들을 기억하시고 영육 간에 강건함과 하나님 주신 평화가 있게 하시옵소서.

어린 영혼구원과 다음 세대를 이끌어갈 이들을 위해 막중한 사명감으로 최선을 다하고 있으니 우리 교회 어린이 청소년부서가 부흥되게 하시옵소서.

이 시간 하나님의 사자 목사님께서 말씀하실 때 하늘문을 열어주시고 은혜의 강수를 넘치게 하시옵소서.

그리하여 절망과 좌절에서 희망과 도전으로 일어나게 하시고 장기적인 경제적 침체로 고통당하고 있는 자영업자, 어려움을 겪고 있는 교우들에게 위로와 소망의 말씀, 용기의 말씀, 능력의 말씀이 되게 하시옵소서.

중창단을 세워주셨사오니 이들의 찬양이 곡조 있는 기도가 되어 하나님 보좌 앞에 드려지게 하시고 성령님의 임재가 있게 하시옵소서. 우리 구주 예수그리스도의 이름으로 기도하옵나이다.

아멘!

5월의 기도
05-03

할렐루야 좋으신 하나님 아버지!

은혜를 감사합니다. 5월은 가정의 달입니다. 오늘 우리 교회에서는 어린이주일로 지킵니다. 산처럼 푸르고 꽃처럼 아름다우며 해같이 밝은 유치부, 아동부, 청소년부 모든 보물들에게 하나님이 주신 구원의 은혜와 부활의 소망으로 승리케 하옵소서. 하나님이 택한 그릇 되어 귀하게 쓰임 받게 하여 주시옵소서. 어린 생명들에게 길을 열어 주셔서 말씀을 잘 듣게 하시고 깨닫게 하시사 상한 영혼이 있으면 받아주시고 깨어진 영혼이 있으면 말씀으로 바로 서게 하여 주시옵소서. 그들의 마음을 살피시고 약한 마음이 조금이라도 있다면 담대하게 하시고 사랑으로 인도하여 주시옵소서. 험한 세상에서 나 혼자 있다는 생각이 들지 않게 하시고 믿음을 강하게 붙들어 주시옵소서. 어떠한 상황에서도 하나님을 찾으며 찬양을 드리게 하시옵소서.

존귀하신 하나님 아버지!

이 시간 드려지는 찬양과 영광을 받아주시고 성령님의 임재가 있는 예배가 되게 하여 주시옵소서. 이 세상에의 쾌락을 좇아 탕자처럼 헤매이는 자녀들이 없게 하시고 물질의 노예가 되어서 끌려다니는 저희들이 되지 않게 하시옵소서. 어려움과 고난 속에서도 늘 동행하여 주옵시고 예배드리는 이 시간이 생에 최고의 시간, 감격 의 시간이 되게 하여 주시옵소서. 자비의 하나님 아버지! 성령님의 임재와 감격과 감화가 저희들 심령속에 있게 하셔서 옛 모습은 죽고 결단과 용기와 담대함으로 나아가는 주님이 찾으시는 십자가 군병들이 다 되게 하시옵소서. 이 시간 교회학교 유치부 선생님 그리고 아동부 선생님, 청소년부 선생님, 그리고 교회학교 사역자, 전도사님, 목사님께 하나님이 주신 권세로서 다음 세대를 이끌어갈 어린 생명들과 모든 교우들에게 하늘의 양식 만나와 영혼을 깨우는 뜨거운 성령의 불이 임하게 하여 주시옵소서. 한 주간도 섬기시는 모든 청지기들을 기억하시고 그들의 가정이 복되고 자손들이 번영과 형통의 복을 받는 귀한 역사가 있게 하시옵소서. 오늘 세례 입교와 세례식이 있습니다 주님이 친히 안수하시사 성령충만하게 하시옵소서. 길이요 진리요 생명이 되신 우리 구주 예수님의 이름으로 간절히 기도하옵나이다.

아멘!

5월의 기도

05-04

좋으신 하나님 아버지 은혜를 감사합니다.

한 주간도 분주한 삶을 살게 하시다가 오늘 주의 몸 된 성전에서 천국자치를 허락하시고 시간 시간마다 주의 성호를 찬양드리게 하심을 감사합니다.

사랑의 하나님 아버지!

저희들의 언행심사 잘못된 것 많사오니 이시간 정한 우슬초로 씻어주시고 죄사함을 받는 복된 시간이 되게 하시옵소서.

은혜의 하나님 아버지! 오늘은 가정의 달로서 어버이 주일과 성령강림주일로 지키게 하심을 감사합니다.

자비하신 하나님 아버지! 낳으시고 기르시고 가르치시고 장성하기까지 애쓰고 힘쓰신 부모님을 허락하여 주심을 감사드립니다.

십계명은 "네 부모를 공경하라 그리하면 너의 하나님 나 여호와가 네게 준 땅에서 네 생명이 길리라"했습니다. 하나님을 섬기는 성도님들은 부모님께 효를 다하고 순종하며 공경하여 그리스도인답게 최선을 다해 섬기게 하시옵소서.

감사하신 하나님 아버지! 주님이 부활하신 후 승천하시면서 예루살렘을 떠나지 말고 기도하라고 하셨습니다. 그 명령에 순종한 마가의 다락방 120문도가 기도하던 중 오순절 날 성령이 임하여 전 세계의 복음이 전파된 것을 감사합니다.

이 시간 예배드릴 때 하늘 문을 여시고 성령이 강림하여 뜨거운 마음과 열정을 다하여 그리스도의 사랑의 빚진 자로서 참 예배자가 되게 하시옵소서.

좋으신 하나님 아버지! 지난주는 어린이 주일로 지켰습니다. 주님께서 "마땅히 행할 길을 아이에게 가르치라 그리하면 늙어서도 그것을 떠나지 아니하리라"고 하셨습니다.

주님의 몸된 교회에서는 '교회여 생명을 잉태하라' 라는 주제를 가지고 어른은 어린이 한 명, 어린이는 친구 한 명 태신자를 잉태하여 오직 하나님께 영광을 돌리고자 합니다.

그리하여 그들을 통해서 다음 세대를 품고 하나님의 나라의 지경이 넓혀지게 하시옵소서.

"영접하는 자 그 이름을 믿는 자는 하나님의 자녀가 되는 권세를 주신다" 하셨으니 우리 모두 다 일 인 일 명 전도하여 성전이 차고도 넘치게 하시옵소서. 예수그리스도의 이름으로 기도합니다.

아멘!

5월의 기도
05-05

　반만년 유구한 역사와 민족의 흥망성쇠를 주관하는 하나님 아버지 은혜를 감사하옵나이다. 이 나라 이 민족 이 땅을 지키시고 보호하여 주시며 부흥하게 하신 하나님의 은혜를 감사하옵나이다. 세계 열방 속의 선진 대한민국이 될 수 있도록 인도하여 주신 하나님의 은혜를 감사하옵나이다. 역사의 뒤안길에서 우리나라가 수많은 전쟁과 국론 분열로 외세의 핍박과 환난이 있었으나 하나님의 은혜로 복음의 나라로 건국 대한민국을 세워주셨사오니 감사하옵나이다. 역사를 주관하시는 하나님 아버지! 남과 북 칠천만 민족이 하나 되게 하시고 북한이 핵과 미사일을 포기하고 화해와 평화의 장으로 나아오게 하옵소서. 자유 민주주의 시장경제로 낙후된 북한 지역 개발이 이루어지고 공생 공명의 시대가 열리게 하시옵소서. 다시는 전쟁이 없게 하시고 일천만 크리스천이 영적인 군사가 되어 깨어 있는 기도로 이 민족에게 화해와 평화와 통일의 물꼬가 열려지고 전쟁이 일어나지 않도록 인도하여 주시옵소서. 존귀하신 하나님 아버지! 5월 9일은 대통령 선거일입니다. 하나님께서 기도하는 지도자, 하나님을 경외하는 지도자, 정직한 지도자, 국가의 위기 사항에 하나님께 묻고 지혜를 구하는 자를 세워주시옵소서. 이제는 반목과 갈등, 분열이 통합으로 새로운 시대에 우리 민족이 하나 되어 위기에서 새로운 도약으로 부흥이 일어나게 하시옵소서. 사랑의 하나님 아버지! 오늘은 5월 가정의 달입니다. 오늘은 우리 교회가 어린이주일을 지킵니다. 산처럼 푸르고 꽃처럼 아름다우며 해같이 밝은 유치부, 아동부, 청소년부 모든 보물들에게 하나님이 주신 구원의 은혜와 부활의 소망으로 승리하는 택한 그릇들이 다 되게 하여 주시옵소서. 자라나는 어린 생명들에게 눈을 열어주셔서 진리를 깨닫게 하시옵소서. 상한 영혼이 있으면 받아주시고 깨어진 영혼이 있으면 말씀으로 위로받게 하여 주시옵소서. 이 시간 하나님의 사자 목사님께서 말씀하실 때 하나님의 권세와 능력으로 현실의 어려움과 고독속에 처해 있는 성도들을 따스한 주님의 손길로 감싸주시옵소서. 이 시간 교회학교 각 부서와 교육을 담당하는 일꾼들을 위해 성령의 불이 임하게 하시옵소서. 한 주간도 차량봉사, 환경미화, 차량안내, 중식, 교회청소를 담당하는 분들 위해 주님이 주신 평강이 있게 하시옵소서. 우리 구주 예수님의 이름으로 기도하옵나이다.

아멘!

6월의 편지

해마다 찾아오는 유월이 오면 뻐꾹새 뻐꾹 뻐꾹

이글거리는 아지랑이 눈이 부시도록 먼시야를 아른거린다.

동족상잔의 피비린내 나는 6·25 전쟁의 쓴 아픔이

이 땅의 상처로 남은 우리 민족의 역사 깊은 상처가

씻을 수 없는 북한의 적화통일 야욕 때문에 포화가 쓸어갔던 것

수많은 순국장병 전쟁 미망인 그리고 어린 생명 고아들

자유민주주의 한미동맹과 유엔 참전 용사들

순교피의 산하 대한민국을 지켜주신 하나님의 은혜가

세계 열방 가운데 참전 십육개국 유엔군 자유의 투사들

우리 대한민국의 자유가 민주주의 초석이 되어

가난한 이 나라가 변방에서 세계의 중심의 나라 부국이 되었네.

역사 이래 보릿고개 배고프고 헐벗고 세계최대의 빈국이

한강의 기적 새마을 정신으로 황무한 이 강산이 푸르러졌네.

동해물과 백두산이 푸르고도 높고 높아 하나님이

지키시고 보호하시고 인도하시오니 십자가 나라 되었다네.

새벽을 깨우는 나라 무릎 꿇고 기도하는 나라 우리 대한민국

하나님 만세 예수님 만세 성령님 만세 우리 나라 만세.

6월의 기도
06-01

할렐루야!

참 좋은신 하나님 아버지 은혜를 감사합니다. 한 주간도 허물 많고 완악한 저희들을 용서하여 주시고 위선과 가증한 저희들이 아바 아버지라고 부를 수 있도록 인도하심을 감사합니다.

사랑의 하나님 아버지, 저희들의 신앙이 세상을 변화시키는 그리스도의 사람으로 부활되게 하시옵소서. 삶의 현장에서 믿음의 공동체에서도 사랑과 인정으로 부활되게 하시옵소서. 사람답게 진정 따뜻한 말 한마디 대화속에도 정을 줄 수 있는 복음의 능력으로 부활하게 하시옵소서. 성령의 인도하심으로 동부공동체가 전도로 만나는 모든 만남의 현장에서도 변화와 전도에 부활로 역사하여 주시옵소서. 6월12일 예수사랑축제와 총동원주일 대전도에 폭발적인 복음전도의 생명의 부활로 일어나게 하시옵소서.

말씀과 교훈 생활의 복음전도와 구원의 메시지로 아직도 주님을 모르는 심령들에게 구원의 역사가 있게 하시옵소서.

감사하신 하나님 아버지 5월은 가정의 달입니다. 우리 교회 영아부와 유치부, 청소년부 학생들에게 강건함을 주시고 꽃같이 아름답게 해같이 빛나게 성장하게 하시옵소서.

은혜로우신 하나님 아버지! 우리 동부교회 공동체 권속들이 모두 영육 간에 건강을 지켜주시옵소서. 병원에서 치료 받고 계시는 교우 모두 완치하여 주시옵소서. "… 내가 너의 상처로 부터 새 살이 돋아나게 하여 너를 고쳐주리라"(렘 30:17)고 약속하심 같이 건강이 회복되게 하시옵소서.

자비로우신 하나님 아버지! 모든 성도들이 삶의 현장에서 마음 편할 일 없는 나날이지만 주님과 동행함으로 감사의 문으로 날마다 신바람이 일어나게 하시옵소서.

이 시간 주님의 사자 목사님과 사모님, 자녀들에게 영육간에 강건하게 하시고 날마다 성령님의 인도하심으로 양들을 푸른 초장으로 인도하게 하시옵소서.

중창단을 세워 주셨사오니 오직 하나님께만 영광되게 하시옵소서. 예수사랑 전도 축제 전도위원과 섬기시는 모든 분들에게 날마다 성령 충만하게 하시옵소서.

오늘 이 예배의 시종을 주님께 의지하옵고 존귀하신 우리 구주 예수님 이름으로 감사 기도하옵나이다.

아멘!

6월의 기도
06-02

　좋으신 하나님 아버지 은혜를 감사합니다. 해마다 유월이 오면 자유와 민주주의를 위해 장렬히 전사한 호국영령을 위해 고개 숙여 추모합니다.

　이 나라 어느 산천 골짜기, 능선과 계곡에서 살점이 떨어져 선혈이 낭자하고 백골이 진토되어 한줌의 흙으로 돌아간 국군용사들 그리고 군번 없는 무명용사들… 그들의 피에 붉게 물든 산하가 한송이 붉은 꽃으로 피어났습니다.

　이 강산에 아직도 찾지 못한 군인장병, 무명용사들. 아무 말 없이 순국한 님들의 조국 사랑을 하나님을 믿는 저희들의 가슴에 새기게 하여 조국을 사랑하며 나라를 위해 충성하며 분단된 조국의 통일을 위해 기도와 애국 애족 애민의 정신으로 섬기게 하시옵소서.

　감사하신 하나님 아버지! 유월은 교사강습회가 열리는 달입니다.

　7월에 교회 어린이 성경학교, 청소년 수련회 준비를 위해서 헌신하는 목사님 내외분과 전도사님 그리고 사역자 교사들을 기억하시고 아침 일찍 어린 생명들에게 하나님 말씀을 심어주기 위해 최선을 다하는 모든 분들에게 날마다 하나님의 은혜가 있게 하시옵소서.

유월에 목회일정을 주관하여 주시고 전반기 동안 새 가족의 빠른 적응과 또 동부의 새 가족들이 잘 적응하게 이끌어 주시고 한마음이 되어 하나님을 찾는 자, 예배자가 되게 하시옵소서.

자비의 하나님 아버지!

하나님의 은혜 가운데 교회 일꾼을 세우게 하시고 항존직인 안수집사와 장로권사를 세우실 때 교회를 위하여 헌신 봉사하고 성령이 충만한 종들이 세워지게 하옵소서. 사람은 외모로 보지만 하나님은 중심을 보십니다. 성실하게 정직하게 동부공동체를 위해 낮은 자세로 앞장서서 충성하게 하시옵소서.

이 시간 하나님의 사자 목사님 내외분 영육간에 강건하게 하시옵고 말씀을 선포하실 때 하나님의 음성으로 듣게 하시옵소서. 말씀으로 인하여 영성이 회복되게 하시고 각 사람 모두에게 영적인 에너지가 심령 속에 충전이 되어 영혼의 부요함이 있게 하시옵소서.

이 시간 성가대를 세워주셨사오니 하나님께 영광이 되게 하시고 온 성도들에게 영혼의 안식과 평화가 있게 하시옵소서.

한 주간도 차량, 중식, 구역장, 권찰, 남선교회, 환경미화, 청소, 성전의 꽃 관리를 담당하는 일꾼들에게 성령 충만하게 하시옵소서.

길이요 진리요 생명이 되신 우리 구주 예수님의 이름으로 기도하옵나이다.

아멘!

6월의 기도
06-03

좋으신 하나님 아버지 은혜를 감사합니다.

해마다 유월이 오면 자유 민주주의를 위하여 장렬히 전사한 호국 영령들의 영혼에 고개숙여 추모합니다. 이 나라를 지키기 위하여 산천과 골짜기 능선과 계곡에서 살점이 떨어져 산화한 용사들… 백골이 진토되어 한줌의 흙으로 돌아간 국군 용사들… 그리고 군번 없는 무명용사들의 붉게 물든 피로 이 산하가 한송이 붉은 꽃으로 피어났습니다. 이 강산에 아직도 시신을 찾지 못한 말없이 순국한 님들의 고국 사랑을 저희들이 본받아서 애국정신으로 가슴에 새기게 하시옵소서.

하나님을 믿는 저희들이 조국을 사랑하고 나라을 위해 충성을 다하며 애국 애족 애민 정신으로 영적으로 깨어 분단된 민족과 통일을 위해 기도하게 하시옵소서.

사랑의 하나님 아버지 이 나라를 긍휼히 여겨 주시옵소서.

전국적으로 메르스 감염과 바이러스 공포로 불안이 증폭되고 있습니다. 하나님께서 감염된 이들을 모두 고쳐주셔서 치유가 되게 하시옵소서.

존귀하신 하나님 아버지!

삼천리반도 금수강산 기름진 옥토 젖과 꿀이 흐르는 대한민국에 복을 주심을 감사합니다.

사랑의 하나님 아버지!

목이 곧고 하나님이 보시기에 죄악 많고 완악한 백성이지만 용서하여 주시옵소서.

가뭄으로 인하여 댐과 저수지, 개천, 강이 마르고 식수와 농, 공업 용수가 부족하고 산천초목 농작물이 타들어가고 있습니다. 애절한 마음으로 사모하는 마음으로 간구하오니 생명수 은혜의 단비를 내려 주시옵소서. 엘리야의 기도를 들어주신 하나님 아버지, 농민들의 타는 목마름 그리고 저희들의 중보 기도를 들으시고 가뭄이 해갈되게 하시옵소서.

은혜로우신 하나님 아버지!

유월의 목회일정을 하나님께서 주관하여 주시고 교사강습회를 준비하는 교회학교와 수고하는 우리 목사님 내외분, 전도사님 그리고 사역자들 모두 하나님의 은혜가 충만하게 하시옵소서. 또 전반기 동안 등록하신 새가족들이 잘 적응하게 하시고 또 그들의 가정이 복되게 하시고 형통의 복과 영성의 부요함이 있게 하시옵소서.

이 시간 우리 목사님 영육간에 강건하게 하시고 말씀을 선포하실 때 하나님의 음성을 듣게 하시옵소서. 예배팀을 세워주셨으니 하나님께 영광이 되게 하시고 온 성도들은 영혼의 안식과 평화를 누리게 하시옵소서.

존귀하신 우리 주 예수님의 이름으로 기도하옵나이다.

아멘!

6월의 기도
06-04

역사의 주관자가 되시고 생명의 근원이 되시는 하나님 아버지 은혜를 감사합니다.

오늘도 전국에서 모든 교회에서 하나님의 성호를 찬양드리며 예배를 드리게 하심을 감사합니다. 한 주간도 언행심사 잘못한 것 많사오니 정한 우슬초로 깨끗하게 하시옵소서.

유월은 호국의 달입니다. 나라와 민족을 위하여 장렬히 전사한 순국선열과 호국영령들을 기억하며 조국 사랑을 마음에 새기게 하시니 감사합니다.

사랑의 하나님 아버지!

세월호 침몰로 귀한 생명들이 많이 희생되었습니다. 그 영혼들을 위로하여 주시고 영생의 안식을 누리게 하시옵소서.

존귀하신 하나님 아버지!

이 땅에 고난과 역경과 아픔에 위로부터 들려주시는 하나님의 말씀을 듣게 하시옵소서. 주님께서는 참새 한 마리도 하나님이 허락지 아니하시면 떨어질 수가 없다고 하였습니다. 성장제일주의, 안전불감증으로 도처에 고귀한 생명들이 희생되었습니다. 다시는 이 땅에 아픔이 없게 하시고 절망 가운데서도 하나님의 섭리와 인도 속에 다시 한번 굳게 일어서게 하시옵소서.

좋으신 하나님 아버지!

우리 민족이 정직하고 부지런하고 협력을 잘하는 민족이 되어서 이 현실의 고난을 극복하게 하시옵소서.

저희 내면에 도사리고 있는 쓴뿌리와 잡초를 뽑아버리게 하시고 다니엘처럼 나라를 위해 눈물을 흘리며 기도하는 성도가 되게 하시옵소서.

이 시간도 나라를 지키는 육, 해, 공군 장병과 치안을 책임지고 국민의 생명과 재산을 보호하는 경찰, 소방대원 모두 건강케 하시고 안전케 하옵소서. 그들의 땀과 눈물, 생명을 하나님께서 보호하여 주셔서 우리나라가 부국강국이 되게 하시옵소서.

이 시간도 땀방울을 흘리며 산업 현장에서 일하시는 노동자들 그리고 해외에서 국익을 위해 최선을 다하는 재외 한국인들에게 평강이 있게 하시옵소서.

자비의 하나님 아버지!

이 나라에 영도자로 세우신 대통령과 위정자들에게 정치 경제 사회 문화 국방 안전시설의 모든 부서마다 막중한 책임감을 가지고 감당케 하시고 국민들이 안심하게 살 수 있도록 최선을 다하게 하시옵소서.

슬픔을 맞이한 가정은 이 시간 하나님의 사자 목사님께서 말씀을 대언하실 때 절망과 풍랑 가운데서도 낙망하지 않게 하옵소서. 오직 주님의 음성으로 듣게 하시고 하나님 주신 섭리와 소망 가운데 영적인 무장을 통해서 이 슬픔을 극복할 수 있도록 용기를 주시옵소서. 성령의 감화와 감동이 온 성도님들에게 임하여 주시옵소서.

성가대를 세워 주셨사오니 시와 찬미로 하나님께 영광이 되게 하시고 하나님이 기뻐하시는 향기로운 예물이 되게 하시옵소서.

오늘 예배의 시종을 주님께 의지하옵고 존귀하신 우리 구주 예수님의 이름으로 감사하며 기도합니다.

아멘!

6월의 기도
06-05

상한 자를 찾으시고 상한 심령을 치료하시는 참 좋으신 하나님 아버지 은혜를 감사합니다.

허물 많은 저희들을 용서하여 주시고 하나님의 자녀삼아 주시오니 감사합니다.

사랑의 하나님 아버지!

3개월 동안 저희들이 영혼 구원과 복음 전도를 위해 태신자를 품고 기도한 가운데 하나님의 선민인 택한 백성들을 몸된 성전에 불러주셨으니 감사합니다.

세상적으로 너무나 단단한 마음의 문을 열어주셔서 오늘의 예배를 통해서 성령님의 강력한 역사가 임하게 하시고 영적 체험이 일어나게 하시옵소서. 철옹성 같은 여리고 성이 무너진 것 같이 우리들의 옛사람은 무너지게 하시고 "너는 내 것이라 내가 너를 지명하여 불렀노라"하신 하나님의 음성을 듣게 하시옵소서.

감사하신 하나님 아버지!

예수님을 버리고 심지어 저주까지 했던 수제자 베드로도 갈릴리 바다에서 어선을 정리하고 어부로서 다시 생업을 시작할 때 주님께서 찾아오셔서 말씀하셨습니다. "내가 이제 사람을 낚는 어부가 되게 하리라"며 가장 가난하고 천하고 무지한 그들에게 주님은 찾아오셨습니다. 오늘 교회에 처음 나오신 분 또는 중도에 쉬었다 다시 오신 분들 모두 다 주님의 존귀한 자요, 존엄한 자요, 천하를 주어도 바꿀 수 없는 고귀한 생명이라고 주님께서 말씀하셨습니다. 가슴에 감동과 감화의 물결이 내면에 가슴 깊이 영적 스파크가 일어나게 하시옵소서.

유월은 호국의 달입니다. 이 땅에 공산주의와 싸워서 장렬히 전사한 호국영령들을 기억하며 유가족의 아픔과 고통의 삶을 잊지 말고 다시 한번 우리 모두 철통 같은 국토방위와 안보의식을 깨우치게 하시옵소서.

성령강림주일을 지나며 우리 동부공동체에 날마다 성령님의 내재함과 감동의 영적 에너지가 저희들의 삶에 적용되어서 우리 모두 열정으로 전도와 복음 선교에 삼박자로 이 산지를 이 도성을 이 지경을 동부교회에 주시옵소서.

감사하신 아버지!

여름성경학교 교사강습회가 시작되는 달입니다. 아동부, 청소년부 부장집사님과 교사 교육위원회에 함께하셔서 성령 충만한 강습회가 되게하여 주옵소서.

감사하신 하나님 아버지!

강원도민의 염원이요 국민 모두가 원하는 평창올림픽 유치가 확정되게 하시고 하나님이 보우하사 우리나라 만세되게 하시옵소서.

이 시간 담임 목사님의 성대와 기관지를 지켜주시고 영육간에 강건하게 하시옵소서.

상한 심령, 병든 육체, 영혼의 갈함이 말씀으로 치유가 되게 하시옵소서.

존귀하신 우리 구주 예수그리스도의 이름으로 기도합니다.

아멘!

6월의 기도
06-06

할렐루야!

참 좋으신 하나님 아버지 은혜를 감사합니다. 한 주간도 주님 은혜 속에 살게 하시다가 하나님의 영광이 임재하는 성전에서 예배를 드리게 하심을 감사합니다. 저희들의 마음과 정성과 예물이 주님의 전에 상달되기를 원합니다. 마음도 없고 정성도 없고 형식적인 가인의 예배가 아닌 온 정성을 다하여 드린 열납되는 아벨의 예배가 되게 하시옵소서.

감사하신 하나님 아버지!

유월의 목회 일정을 주관하여 주시고 우리 동부공동체에 장기적으로 쉬고 있는 교우들 잃어버린 양들이 돌아오는 역사가 일어나게 하시옵소서.

자비의 하나님 아버지!

유월은 아동부, 청소년부 등 여름성경학교와 신앙캠프교사 지도

자 세미나 및 교사자체 강습회를 준비하는 달입니다. 우리 교회에 유치부, 아동부, 청소년부 사역자와 선생님, 전도사님 위에 영육 간에 강건하게 하시고 날마다 하나님이 주신 은총과 은혜가 충만하게 하시옵소서.

사랑의 하나님 아버지!

유월은 호국의 달입니다. 반만년 유구한 역사 속에서 우리 민족을 이끌어 주신 하나님께 감사를 드립니다. 수많은 침략과 고난을 당했지만 위기 때마다 이 나라를 지켜주시고 건져주시고 가난에서 벗어나게 하시고 선진조국으로 이끌어주심을 감사합니다. 6·25전쟁의 잿더미 속에서 나라를 지켜 주심을 감사합니다. 순국한 국군용사와 무명용사, 산화한 애국 학도와 선열들에게 다시 한번 나라 사랑함을 본 받게 하시옵소서. 오늘날 대한민국을 세계에 우뚝 설 수 있는 자랑스런운 조국으로 세워 주심을 감사합니다. 우리 대한민국이 기술강국, 과학강국으로 세계를 정복하게 하시옵소서.

이 시간 하나님의 사자 목사님께 하나님이 주신 권세를 부어 주시옵소서. 빈들의 마른 풀같이 시들은 영혼이 하나님이 주신 은혜의 강수로 성령님의 뜨거운 영적 임재를 체험하게 하시고 저희들의 심령 속에 찔림과 떨림으로 거룩한 하나님의 음성을 듣게 하옵소서. 날마다 시온의 대로로 인도해 주시고 신령한 은혜와 풍성한 영적인 만나를 충만하게 내려 주시옵소서. 목사님과 사모님, 자녀들 모두 영육 간에 강건하게 하시고 온 교우들에게 주님이 주신 평강이 있게 하시옵소서.

이 시간 주일 예배팀을 세워 주셨사오니 곡조 있는 기도로 하나님께 영광 돌리게 하시고 저희들 심령의 마음 밭에 기쁨으로 믿음의 씨앗을, 전도의 씨앗을, 봉사와 헌신의 씨앗을 심는 한 알의 밀알이 되게 하시옵소서.

오늘의 예배를 마치는 시간까지 성령께 의지하옵고 존귀하신 우리 구주 예수님의 이름으로 감사하며 기도드리옵나이다.

아멘!

6월의 기도
06-07

　역사의 주관자이신 하나님 아버지!

　66년 전 우리 대한민국에 북한군의 남침으로 인하여 동족상잔의 비극이 일어나 온 국토를 유린하고 이 나라 이 강산이 초토화 되었습니다. 수많은 국군 병사와 학도병 많은 인명의 희생 또 엄청난 포화 속에 잿더미로 폐허가 된 이 나라를 지켜주신 하나님께 감사를 드립니다. 가난한 이 나라 국민들이 공산치하 직전에 유엔참전 16개국 그리고 전 세계 나라들이 자유민주주의를 지키기 위하여 목숨 걸고 우리나라를 지킬 수 있도록 인도하신 주님 감사를 드립니다. 해마다 유월이 오면 동작동 국립묘지와 대전 현충원 그리고 부산 유엔 참전 공원 묘소의 유엔군 유해 그리고 이름 없이 빛도 없이 한 알의 밀알이 된 수많은 국군 병사들을 기억합니다. 그들이 이 나라 산하의 제물이 되어 이 강산의 상록수로 자라나며 한 떨기 야생화로 이름 모를 풀잎으로 산천을 지켜주니 감사합니다. 호국영령들을 애도하는 애국의 달을 맞이하여 그분들의 뜻을 잘 받들어 나라와 민족을 위하여 작은 것 하나라도 나라를 사랑하는 마음으로 행동하고 실천하여 조국의 안전과 평화가 올 수 있도록 깨어 기도하게 하시옵소서.

하나님 아버지!

반만년 유구한 역사와 문화를 지켜온 우리 대한민국을 보호하여 주시고 분단된 우리나라 70년 세월 속에 언어와 문화, 식생활마저 다르지만 민족의 동질성 회복되게 하옵소서. 북한 공산주의 모든 담장이 무너지게 하시고 하나님 없는 독재정권 속에 굶주림과 자유가 없는 깊은 시름 속에 있는 이천오백만의 북한 동포들의 해방이 속히 이루어져서 통일된 대한민국이 되게 하옵소서. 유라시아를 대륙으로 횡단하는 그날이 속히 오게 하시고 북한 전역의 무너진 교회, 말씀의 재단이 회복되게 하시옵소서. 그리하여 하나님의 부르심 받은 나라 믿음의 나라 제사장의 나라 대한민국이 되게 하시옵소서.

우리 구주 예수그리스도의 이름으로 기도합니다.

아멘!

7월의 편지

녹음 방초 온 들녘이 수채화처럼 잘 정돈된 기름진 땅
산산마다 울창한 숲이 잘 가꾸어진 우리의 산하
천천 만만 유산으로 남겨줄 위대한 나의 조국 대한민국
수많은 열사들의 순교에 애국애족의 민족 정신이 샘솟는 나라
푸르고 푸른 우리 대한민국의 헌법 제정된 제헌절
우리의 자주정신 주권 건국의 이념 찬란한 유구한 역사 앞에
우리의 한글 우리의 창의력 우리의 선진기술 우리의 교육자원
조국 근대화에 기독교 정신문화가 이 땅에 기초를 쌓았다네.
수많은 크리스천 예수님 정신으로 사회악을 멀리 하고
반 만 년 깊은 잠에서 깨어나 새벽의 나라 밝아오는데
주여 당신이 다스리는 나라 우리 대한민국입니다.
주께서 인도하시고 주께서 역사하시오니 감사합니다.
일천 이백만 크리스천과 모든 종파들이 하나님을 향해 하나되는
우리나라 우리 민족 우리 정신문화가 뭉쳐져서
어떠한 외세에도 억압당하지 않게 하시고
민족의 자존감으로 무성한 수풀의 푸른 녹색이 물결이
이 땅 가운데 하나님이 다스리는 우리나라 우리 민족
우리 대한민국 되소서.

7월의 기도

할렐루야!

좋으신 하나님 아버지 은혜를 감사합니다. 오늘은 맥추감사주일로 지키고 있습니다. 전반기 동안 우리들의 생명을 지켜주시고 날마다 일용할 양식을 주시는 하나님 아버지 은혜를 감사합니다. 때를 따라 비를 내려주시고 씨앗을 심을 수 있도록 생명수와 태양빛을 비추어 주셔서 곡식들이 자라게 하셨으니 감사합니다. 파종할 수 있게 하시고 계절마다 개화되게 하셔서 벌과 나비 곤충으로 인하여 열매를 맺게 하시고 갖은 채소를 주시며 풍성한 과일을 맺게 하시고 주셔서 감사합니다.

사철에 봄바람이 불어오고 하나님 아버지 모셨으니 가정이 천국이요 교회가 하나님의 성전이며 은혜의 강수가 넘치니 감사합니다.

사랑의 하나님 아버지!

저희들이 하루하루 순간순간 숨을 쉬게 하시고 친한 지인들 그리고 만나는 사람마다 기억이 남게 하시고 교우와 교우 사이에 만나면 하나님 찬양하고 모이면 기도하게 하시고 때를 따라 식사와 다과를 나누며 서로가 섬길 수 있도록 하셨으니 감사합니다.

자비의 하나님 아버지!

섬길 수 있는 교회를 허락하시니 감사합니다. 매주 하나님의 말씀을 주시니 감사합니다. 일생 동안 동반자를 주셔서 동행의 축복을 주셔서 감사합니다. 우리의 육신의 자녀와 또 그 손을 주셔서 감사합니다. 때에 따라 공양하는 자녀를 주셔서 하나님께 감사합니다.

존귀하신 하나님 아버지!

온 가족이 건강하게 생활하며 하나님이 주신 은혜로 맥추감사주일을 지키게 하시니 감사합니다. 새벽이슬 맞기 전 교회차량으로 하나님의 집에 기도할 수 있게 하시며 동쪽하늘 치악산 마루에 둥근 태양이 올라올 때 새날의 아침을 인도하여 주시니 감사합니다. 하루를 시작하기 전 하나님을 찬양하는 이름모를 새들의 소리를 듣게 하시니 감사합니다.

존귀하신 구주 예수님의 이름으로 기도합니다.

아멘!

7월의 기도
07-02

할렐루야!

사랑과 은혜가 풍성하신 하나님 아버지 고통의 멍에를 지고 주님께 왔습니다. 죄악의 사슬을 매고 주님께 왔습니다. 잠 못 이루는 밤, 통증과 괴로움으로 뒤척이다가 주님께 찾아왔습니다. 저희들은 연약하여 작은 일에도 넘어지는 허물 많은 죄인입니다. 성결하지 못하고 날마다 주님보다는 나를 위해 살아왔음을 고백합니다. 이 시간 주님 찾아오셔서 삶의 고뇌와 고난과 고통이 있을 때 주님의 전능하신 손으로 안수하여 주셔서 기적의 역사가 일어나게 하시옵소서.

사랑의 하나님 아버지!

동부공동체의 믿음의 식구 우리들의 영적 가족들이 육체적 병마와 싸우고 있습니다.

하나님 아버지 주님의 능력이 피, 보혈의 피로 모든 병마를 이기게 하시고 고쳐 주시옵소서. 치유하여 주시옵소서. 모든 육체가 정상으로 회복되게 하시옵소서. 죽은 자를 살리시고 열 두 해 동안 혈우병으로 절망 가운데 있던 여인이 주님의 옷자락을 만진 것만으로 치유된 것처럼 하나님 아버지 긍휼을 베풀어 주시옵소서. 그리하여 모두 건강을 회복하여 간증하며 동부공동체 일원으로 크게 쓰임 받는 성전의 기둥들 다 되게 하시옵소서.

존귀하신 하나님 아버지!

청년부 컴퍼런스 여름캠프를 인도하여 주시옵고 이번 수련회를 통하여 일생일대에 하나님의 사람으로서 성령의 불세례를 체험하여 영의 사람으로 쓰임받게 하시옵소서. 차량으로 이동할 때 안전과 하나님의 보호하심이 있게 하시옵소서.

역사의 주인이신 하나님 아버지!

이 나라의 동성애차별금지법이 백지화 되게 하시옵소서. 그리하여 창조의 질서와 에덴 동산의 하나님 주신 혼인의 예법을 지키게 하시옵소서.

공의로우신 하나님 아버지!

원주도성에 이단의 세력들이 믿는 자를 현혹시키고 지역사회 갈등의 문제로 대두되고 있습니다. 존귀하신 하나님 아버지! 이단의 세력들이 무너지게 하셔서 누구든지 예수님을 영접하여 말씀으로 하나님의 나라가 이루어지게 하옵소서.

자비의 하나님 아버지! 이 나라에 이슬람 확산이 중단되게 하시옵소서. 2017년 세계이슬람경제포럼이 무산되게 하시옵소서. 그리하여 온전한 그리스도의 나라 대한민국이 되게 하시고 하나님이 다스리는 우리나가 되게 하시옵소서. 감사하신 하나님 아버지 6, 7월 목회일정을 주님께서 인도하여 주시옵고 유치부, 아동부 여름성경학교와 청소년부 수련회가 계획된 가운데 있습니다. 교회학교 전도사님과 교육위원장, 교사들이 하나님의 은총 가운데 심령의 부흥이 일어나게 하시옵소서. 교사강습회를 통하여 말씀의 능력이 어린 생명들에게 가슴깊이 심어지게 하시옵소서. 이 시간 하나님의 사자 우리 목사님 내외분과 온 가족이 영육 간에 강건하게 하시옵소서. 말씀에 능력이 있게 하시옵소서. 한 주간도 차량봉사, 중식, 성전미화, 환경미화, 남선교회, 구역장, 권찰 등 모든 청지기들에게 하나님이 주신 은혜의 강수가 넘치게 하시옵소서.

남성중창단을 세워주셨으니 곡조 있는 기도로 하나님께 상달되게 하시고 온 회중에게 은혜의 단비가 내리게 하시옵소서. 우리 구주 예수님의 이름으로 간절히 기도합니다.

아멘!

7월의 기도
07-03

사랑의 하나님 아버지 은혜를 감사합니다. 한 주간도 살아오면서 언행심사 잘못된 것 많사오니 용서하여 주시옵소서. 오늘도 모든 예배 위에 성령님의 임재가 있는 신령과 진정으로 드리는 예배가 되게 하시옵소서.

자비의 하나님 아버지!

저희들은 신앙생활을 하면서도 영적으로 낙망하며 좌절할 때도 있습니다. 그러나 매일매일 영적인 싸움에서 승리하기 위해서 날마다 주님 안에 거하게 하시옵소서. 그리하여 하나님의 말씀의 전신 갑주를 입고 시련과 역경을 능히 이길 수 있는 담대함을 주시길 원합니다.

하나님 아버지!

영적 무장을 위하여 깨어있어 진리의 허리띠를 매고 믿음으로 예수님 말씀으로 영성이 회복되는 성령의 임재가 있는 예배가 되게 하시옵소서. 이 시간 세상속에서 근심, 걱정, 번민, 고통, 우환, 질병, 삶의 문제로 고민하는 성도들에게 하나님 평안의 복음의 신을 신고 하나님이 함께 하시므로 평안을 누리게 하시옵소서. 이 시간 목사님께서 말씀하실 때 영과 골수를 쪼개는 성령의 검이 되게 하옵소서. 사탄은 믿는 자를 넘어지게 하며 의심과 불안을 심어주며 공동체에 위기를 줄 수도 있습니다. 저희들이 이것을 이기기 위해 예수님 믿고 앞으로 진군하는 영적인 군사가 되게 하시옵소서.

능력의 하나님 아버지!

목사님 말씀으로 구원의 투구를 쓰며 어떠한 사탄의 유혹에도 넘어지지 않도록 십자가의 길을 가게 하시옵소서. 구원의 투구로 무장하여 말씀의 검으로 사탄의 유혹에 넘어지지 않게 하옵소서.

사랑의 하나님 아버지,!

7월 교사 강습회와 여름성경학교 주제는 '나는 하나님의 사람이에요'입니다. 유치부, 아동부, 청소년부의 큐티신앙캠프에 기름을 부으사 하나님 말씀으로 영적인 성장을 하게 하시옵소서.

은혜의 하나님 아버지!

이번 교회학교 행사에 온 교우가 하나가 되어 관심과 기도로 협력하여 성령님의 교통이 있게 하시옵소서. 원거리 근거리 차량 운행할 때 안전하게 보호하여 주시옵소서. 교회학교 사역자, 교사, 부장집사님의 헌신적 충성을 주님께서 받으시고 은총을 내려주시옵소서.

사랑의 하나님 아버지!

이 땅에 가뭄으로 인하여 저수지와 댐에 물이 마르고 농작물이 타들어가 농민들이 시름과 아픔 가운데 있습니다. 은혜의 강수를 내려주셔서 가뭄이 해갈되게 하시오며 가을에 하나님이 주신 풍성한 수확이 있게 하시옵소서.

이 시간 카리스 중창단을 세워주셨으니 하나님께만 영광 영광이 되게 하시고 성령의 단비, 은혜의 단비가 넘치게 하시옵소서.

존귀하신 예수그리스도의 이름으로 기도하옵나이다.

아멘!

7월의 기도
07-04

전지전능하신 하나님 아버지!

순교자들의 흘린 피가 이 민족의 오천 년 역사에 깊은 잠을 깨우게 하셨고 믿음의 선진들의 눈물의 기도가 한국교회 부흥의 불길, 성령의 불길로 임재케 하심을 감사합니다.

환난과 핍박 속에서도 하나님을 부인하지 않는 일사각오의 믿음으로 죽으면 죽으리라는 일사각오로 새 하늘과 새 땅을 사모하고 고대하던 믿음의 대선배의 발자취를 따라가기를 갈망하는 저희들의 심령이 다 되게 하시옵소서. 감사의 하나님 아버지, 저희들에게 날마다 일용할 양식을 주시고 매일 새벽을 깨우게 하시며 영적인 만나를 주시오니 감사합니다. 육개월 동안도 교회와 가정을 지켜주시오니 감사를 드립니다. 단잠을 자게 하시며 햇과일과 채소와 보리, 감자, 밀을 주심을 감사합니다. 각종 풍성한 열매를 주시니 감사를 드립니다.

사랑의 하나님 아버지!

칠월달 목회일정과 청소년 신앙 캠프와 8월 아동부 신앙캠프가 예정 중에 있사오니 은혜가 있게 하시고 안전케 하여 주시옵소서. 능력의 하나님 아버지, 어린 생명들이 하나님이 주신 생명의 말씀으로 이 시대와 다음 세대를 세워 나가게 하시옵소서.

우리 동부교회는 한 영혼에 집중하게 하시고 한 영혼을 위해 관심을 가지고 날마다 기도하게 하시옵소서. 그리하여 하나님이 찾으시는 예배자가 되게 하시옵소서. 먼저 예배가 회복되게 하시고 순종하는 성도가 되어 하나님이 주신 은혜의 영성이 넘치게 하시옵소서. 아동부, 청소년부에 속한 이들이 하나님 말씀을 묵상하게 하시고 주님의 음성을 듣게 하시며 기도케 하시옵소서. 일평생 말씀을 잊지 않으며 행함이 있는 동부 교회 꿈나무들이 다 되게 하시옵소서. 자비의 하나님 아버지, 어제의 뿌린 말의 씨앗이 오늘에 나를 만들고 오늘의 뿌린 말의 씨앗이 내일을 만든다는 것을 깨달아 긍정의 씨앗을 믿음으로 심게 하시옵소서.

사랑의 하나님 아버지!

저희들이 급할 때도 기도하여야 하지만 미리미리 기도하여 주님을 만나게 하시고 저희들의 기도 통장에 잔고가 얼마나 비축되어 있는지요. 감사하신 하나님 아버지, 오늘 예배를 드릴 때 주님의 사자 목사님의 말씀을 통하여 마음에 평화와 자유와 진리, 생명 구원의 역사가 있게 하시옵소서. 어떠한 죄악이나 사탄에 얽매이지 않게 하시고 감동적인 예배가 되게 하시옵소서. 그리하여 차세대를 세워가는 교육체계가 있는 교회, 다양하게 열려진 소그룹 중심이 되는 교회, 영혼구원과 치유와 회복의 역사가 나타나는 성령 충만한 교회, 지역을 섬기며 선교의 비전이 있는 교회로 성장하게 하시옵소서.

은혜로신 하나님 아버지!

카리스 성가대를 세워 주셨사오니 시와 찬미로 찬양하며 하나님께 영광이요 저희들의 영혼을 새롭게 하시옵소서. 한 주간도 섬기시는 모든 청지기들에게 평강의 복이 있게 하시옵소서. 길이요 진리요 생명이 되신 우리 구주 예수그리스도의 이름으로 기도합니다.

아멘!

7월의 기도
07-05

"너희가 내게 부르짖으며 내게 와서 기도하면 내가 너희들의 기도를 들을 것이요 너희가 온 마음으로 나를 구하면 나를 찾을 것이요 나를 만나리라"(렘 29:12, 13).

할렐루야!

하나님 아버지 은혜를 감사합니다. 한 주간도 언행심사 잘못한 것 많사오니 죄사함을 받게 하시옵소서. 저희들의 행동과 입술로 손과 발로 지은 모든 죄를 정한 우슬초로 씻어주시옵소서.

감사하신 하나님 아버지!

순종하는 예배자가 되게 하시옵소서. 아브라함이 100세에 얻은 아들 이삭을 번제물로 드린 믿음처럼 저희들도 순종하는 예배자가 되게 하시옵소서. 어떠한 형편에 처해 있다 할지라도 자족하는 믿음으로 말씀 안에서 주님을 따르게 하시옵소서. 성전을 섬기는 청지기들이 주어진 일에 최선을 다하여 헌신의 자리가 이름 없이 빛도 없이 주님의 십자가만 따라가는 섬김의 헌신이 되게 하시옵소서.

이웃을 돌아보고 아픔을 헤아릴 줄 아는 성도가 되게 하시고 하루를 시작하기에 앞서 기도하는 겸손한 자가 되기를 원합니다. 은혜로신 하나님 아버지, 우리 교회가 7월20~22일 까지 여름성경학교와 7월30~8월1일까지 청소년 신앙캠프가 열립니다. 아동부 70명 동참의 목표를 세우고 전도하며 최선을 다하시는 교사들의 열정과 땀과 기도를 기뻐 받아주시옵소서. 어린생명들에게 생명의 말씀, 진리의 말씀을 전하실 때 말 한마디 한마디가 희망이 되고 꿈이 되게 하시옵소서.

청소년 신앙캠프도 하나님께서 인도하셔서 이번 기회에 영적인 대각성과 영혼구원의 확신을 가지게 하시옵소서. 너희는 나를 찾으라 그리하면 살리라는 아모스 선지자의 말씀처럼 하나님을 찾음으로 하나님의 음성을 듣게 하시고 불가능하다는 부정적인 시각이 할 수 있다는 긍정의 시각으로 바뀌게 하시옵소서.

자비의 하나님 아버지!

이 시간 몸이 연약하여 나오지 못한 교우들을 고쳐주시고 만져주시옵소서. 일어나게 하시옵소서. 사랑하는 하나님 아버지, 병원에 입원해 있는 OOO장로님을 기억하여 주셔서 걸어다니게 하시고 말문을 열어 주시옵소서. 그 밖에 병원에 다니는 환자들에게도 하나님의 사랑의 손길로 나음을 받아 교회에서 같이 예배드릴 수 있게 하시옵소서. 다니엘 중창단을 세워 주셨사오니 곡조 있는 기도인 찬양을 흠향하여옵소서. 오직 하나님께만 영광이 되게 하시고 은혜가 충만하게 하시옵소서. 이 시간 하나님의 사자 OOO 목사님께서 말씀 선포하실 때 하나님 음성으로 듣게 하시고 성령의 임재가 있게 하시옵소서. 온 성도가 아멘으로 화답하는 예배, 성령의 불세례를 받는 예배가 되게 하시옵소서.

존귀하신 우리 구주 예수그리스도의 이름으로 감사하며 기도하옵나이다.

아멘!

7월의 기도

07-06

교회의 머리가 되시는 참 좋으신 하나님 아버지 은혜를 감사합니다.

한 주간도 언행심사 잘못된 것 많사오니 용서하여 주시옵소서. 허물 많은 저희들을 은혜의 보좌로 불러 주시오니 감사합니다. 저희들이 순례자의 길을 갈 때, 인생의 모진 광풍이 불어올 때 저희들을 소망의 항구로 인도하여 주옵소서. 위기와 낙심이 찾아올 때, 시험이 저희들을 삼킬 듯 찾아올지라도 주님만 바라보고 앞으로만 나아가게 하시옵소서. 지난주는 맥추감사주일로 지켰습니다. 저희들의 정성이 부족하지만 생명을 지켜 주심을 감사합니다. 단비와 햇빛을 주시오니 감사합니다. 땅에 풍성한 과일과 온갖 곡물을 주시오니 감사합니다. 하나님께서 시원한 바람과 공기와 비를 주시오니 감사합니다. 나무는 맑은 산소를, 들에 핀 야생화는 아름다움을 주시오니 감사합니다. 숲속 새들의 노랫소리, 냇물이 강을 이루고 깨끗한 생명의 젖줄을 주시오니 감사합니다. 하나님께서 값없이 주신 선물 그 은혜를 너무나 감사합니다.

사랑의 하나님 아버지, 7월 한 달 동안 목회일정을 지켜주옵소서. 성경학교가 7월22~23일까지 1박2일 본교회에서 있습니다. 더위 가운데에 일하시는 교사들을 영육 간에 강건하게 하시고 성령의 기름을 부으시사 어린 생명들이 주님을 만나며 일생 동안 하나님께서 인도하심으로 승리하는 섬김의 종들이 다 되게 하시옵소서. 또 청소년 신앙캠프가 8월 4~6일까지 2박3일 새말코레스코에서 개최됩니다. 좋은 날씨를 허락하여 주시고 말씀의 은혜를 받아 다음 세대를 이어가는 믿음의 거장이 다 되게 하옵소서. 준비하는 손길들 위해 수고하는 교사들 위에 은혜가 충만하게 하시옵소서.

감사하신 하나님 아버지, 전반기 우리 동부공동체에 등록한 새 가족 성도들을 축복하시고 사업, 직장 형통의 축복을 주시옵소서.

이 시간 주님의 사자 목사님께서 말씀을 대언하실 때 영혼을 일깨워 주시고 저희들의 내면세계를 회개와 뜨거운 마음으로 솟구치게 하시옵소서. 이 시간 성가대를 세워주셨으니 찬양을 통해서 응답과 초월적인 영적 에너지가 교회와 성도님과 공동체에 넘치게 하시옵소서.

오늘 예배의 시종을 주님께 의지하옵고 존귀하신 우리 구주 예수님의 이름으로 감사하며 기도하옵나이다.

아멘!

7월의 기도
07-07

"내가 산을 향하여 눈을 들리라 나의 도움이 어디서 올까 나의 도움은 천지를 지으신 여호와에게 서로다"(시 121:1, 2)

참 좋으신 하나님 아버지 은혜를 감사합니다. 한 주간도 언행심사 잘못된 것 많사오니 죄사함과 속죄 받는 이 시간이 되게 하시옵소서.

저희들의 행동과 입술의 말로 마음의 생각으로 손과 발로 지은 모든 죄를 정한 우슬초로 씻어 주시옵소서.

감사하신 하나님 아버지!

오늘 예배드릴 때 신령과 진정으로 드리게 하시고 하나님의 말씀을 듣게 하시옵소서. 순종하는 믿음을 주시고 참된 예배자가 되게 하시옵소서.

자비의 하나님 아버지!

이 시간 예배드릴 때 섬김의 예배가 되게 하시옵소서. 인자가 이 땅에 온 것은 섬김을 받으려고 한 것이 아니요 오히려 종의 모습으로 섬기러 왔다고 했습니다. 우리 주님께서 제자들의 발을 씻긴 것처럼 저희들도 날마다 교우와 교우 사이 직장과 사회에서도 섬김으로 주님의 향기가 되게 하시옵소서.

성전을 섬기는 모든 청지기들이 주어진 일에 최선을 다하여 헌신의 자리가 빛이 되고 소금이 되어 믿지 않은 사람들까지도 감동과 감화를 받게 하옵소서. 하나님이 기뻐하시는 예배자가 되게 하시옵소서.

은혜로우신 하나님 아버지!

7월20~22일까지 여름성경학교와 7월 30~8월1일까지 청소년 신앙캠프가 열립니다. 성령님께서 강권적으로 역사하셔서 부흥의 불길이 타오르게 하시옵소서. 청소년부 신앙캠프에 역사하셔서 영적 대각성이 일어나게 하시고 성령님을 체험하게 하시옵소서. 그 시간을 통해서 인생 목적을 깨닫게 하시고 비전을 세우게 하시옵소서. 너희는 나를 찾으라 그리하면 살리라는 하나님의 음성을 듣게 하시옵소서. 수고하시는 선생님, 전도사님께 강건의 복으로 역사하시옵소서.

이 시간도 입원해 있는 ooo장로님과 교우들 모두 회복시켜 주시옵소서. 자리에서 일어나게 하시옵소서. 찬양대를 세워 주셨사오니 하나님께서 영광 받으시옵고 저희들에게는 희락이 넘치게 하시옵소서. 하나님의 사자 목사님 말씀 전하실 때 하나님의 말씀으로 듣게 하시고 성령님의 강한 불세례가 심령 심령마다 임하여 주시옵소서. 그리하여 영성이 살아나게 하시고 삶이 변화되며 교회가 부흥되게 하시고 성령 충만함을 주시옵소서.

길이요 진리요 생명이 되신 우리 구주 예수그리스도의 이름으로 감사 기도 하옵나이다.

아멘!

8월의 노래

뜨거운 태양은 대지를 달구어 땅은 열기를 토해낸다.
무더운 삼복더위에 그늘진 동네 정자 느티나무 밑 멍석깔고
오수에 잠들던 그 옛날 네가 살던 고향 병산리 생각난다.
삼베옷 입고 사타구니 끌려서 허벅지살 벗겨지면 일하던
어머니 아버지하고 성골밭에 조밭 메고 모종하던
네가 자라던 그 어린시절 농의가 전부이고 지게가 운송수단
무거운 짐을 지고 땀방울이 촉촉히 흘러내려 얼굴이 그을리고
주일 낮 병산리교회 종소리 천당 천당 우리를부른다.

하나님 알지 못하는 불신자는 인생에 무거운 짐을 지고
밭으로간다.
보이는 곳은 산이요 들리는 소리는 산새들의 하나님 찬양하는 소리
고요한 산중 밭 뜨락에 풀밭매던 우리 아버지 어머니
농사가 인생의 전부요 살기위해 일하자던 우리 부모님

지금은 아무도 없는 고향 땅 그 옛날 어르신네 그 얼굴이
타향객지에서의 외롭고 쓸쓸할 때 주님의 십자가 바라본다.
하나님 영접한 후 내 인생에 새로운 영안이 열렸네.
캄캄한 암흑에 불신에 의해 내 인생 희망의 동산으로
팔월에 달구어진 대지처럼 내 인생 성령님이 찾아오셨네.

8월의 기도
08-01

   역사를 주관하시고 한 국가의 흥망성쇠를 주관하시는 거룩하신 하나님 아버지 은혜를 감사합니다. 96년 전 우리의 선열들이 일제 식민지 치하에서 독립 운동의 태극기를 들고 전국 방방곡곡에서 무저항 비폭력으로 민족 정신을 온 세계에 알린 뜻 깊은 기념일입니다. 민족의 암흑시대에 주권은 찬탈당하고 창씨개명과 수많은 젊은 청년과 여인들이 일제 침략전쟁에 희생되었고 해외에서 독립을 위해 장렬히 목숨 바친 수많은 순국열사들이 있었습니다. 사랑의 하나님 아버지, 올해는 광복 70년 분단 70년 우리의 조국이 외세에 의하여 아직도 남과 북이 분단된 채 있습니다. 존귀하신 하나님 아버지, 우리의 소원은 통일, 꿈에도 소원은 통일, 통일이 속히 이루어지게 하시옵소서.

   화평의 왕이신 하나님 아버지!

   막힌 휴전선이 무너지게 하시고 공산치하에서 인권이 유린당하고 자유와 압제에 앓고 있는 북녘땅이 자유민주주의 시장경제 체제가 되게 하시고 남북한 자유 왕래가 속히 이뤄지게 하시옵소서. 일천만 이산가족의 생사와 흩어진 부모형제자매 친지를 만나도록 통일의 대박이 이루어지게 하시옵소서. 은혜로신 하나님 아버지, 우리의 믿음의 선열들은 신사참배에 부당성과 일제의 만행에 항의하고 순교의 거룩한 피로 이 나라에 복음의 씨앗을 심었습니다. 일사각오 정신 민족을 사랑하는 마음인 삼일정신을 계승하게 하시옵소서. 오늘날 한국 교회가 나는 죽고 예수로 살게 하시고 십자가 정신으로 서로가 용서하고 하나되는 그리스도의 정신을 실천하게 하시옵소서.

능력의 하나님 아버지!

올해 우리 교회는 숨쉬는 교회, 일하는 교회, 움직이며 성령이 충만한 교회 그리고 겸손으로 성숙하며 배려하며 칭찬과 용기를 주는 교회, 부흥되는 교회가 되게 하시옵소서. 이 시간 하나님의 사자 목사님께서 말씀 전하실 때 하늘 문을 열어 주시고 오순절 마가의 다락방에 성령이 임하셨듯이 임하셔서 저희들 각자의 심령에 뜨거운 불세례가 임하게 하옵소서. 상한 감정이 치유되는 역사가 있게 하시옵소서. 이 시간 예배팀의 찬양이 하나님께 영광이 되게 하시고 감격과 감사가 충만하여 은혜의 강수가 넘치게 하시옵소서. 길이요 진리요 생명이 되신 우리 구주 예수그리스도의 이름으로 감사하며 기도하옵나이다.

아멘!

8월의 기도
08-02

할렐루야!

만복의 근원이 되시고 역사를 주관하시며 국가의 흥망성쇠를 주관하시는 하나님 아버지 은혜를 감사합니다. 8월달은 우리 민족이 압박과 설움 가운데 주권을 되찾은 뜻 깊은 달입니다. 우리 선열들이 독립을 위해 이국땅에서 일제의 만행의 부당함을 알리며 순국한 애국정신을 다시 한번 기리며 민족의 혼을 되찾는 뜻깊은 달입니다. 그 옛날 이스라엘 민족의 국운이 풍전등화같이 흔들릴 때 미스바 성회로 모여 회개하며 자복할 때 하나님이 이스라엘을 회복시켜 주셨습니다. "슬프다 범죄한 나라요 허물진 백성이요 행악의 종자요 행위가 부패한 자식이로다 그들이 여호와를 버리며 이스라엘의 거룩하신 이를 만홀히 여겨 멀리하고 물러갔도다"(사 1:4).

사랑의 하나님 아버지!

두렵고 떨리는 마음으로 눈물이 메말라 있는 이 시대에 저희들을 용서하여 주시고 성령의 말씀에 감동 감화가 임재하여 목이 곧은 저희들을 사도바울처럼 나를 쳐 복종하는 심령이 다 되게 하시옵소서. 오늘날 크리스천의 정체성이 무너지고 혼과 영이 혼탁하여 부패된 심령 속에 가슴을 치며 회개하는 역사가 일어나게 하옵소서. 우리 주님께서 서로 사랑하라 용서하라 하셨지만 참으로 하나님 앞에 죄송하고 감히 장로로서 부끄러울 따름입니다.

사랑의 하나님 아버지!

8월 목회 일정을 주관하여 주시고 청소년 큐티캠프가 2박3일 동안 '무너진 예배를 회복하라!' 라는 주제로 개최됩니다. 이번 수련회를 통해 하나님의 말씀이 그들에게 각인되게 하시고 그 심령 속에 주님의 은총이 있게 하시옵소서.

존귀하신 하나님 아버지!

수능을 앞둔 우리 교회 청소년부가 있습니다. 박oo, 김oo, 이oo, 이oo, 이oo, 최oo 이들에게 건강과 지혜와 성령의 도우심으로 평소보다 더 좋은 점수를 받아서 전원이 다 원하는 대학에 입학하게 하시옵소서.

감사하신 하나님 아버지!

우리 교회가 작지만 최선을 다하여 지원하는 교회가 있습니다. 인천의 추수군대교회, 사랑의 교회, 연변과학기술대, 어린이 전도협회, 들무세 공동체, 국제제자훈련원 등 모든 교회의 섬기시는 목사님과 선교사들에게 강건함을 덧입혀 주시고 부흥되게 하시옵소서.

　이 시간 하나님의 사자 목사님께서 말씀 전하실 때 하나님의 성전에서 영적인 불길이 일어나게 하시고 영혼의 목마름과 영혼의 갈증이 성령의 생수, 은혜의 생수, 능력의 생수, 기쁨의 생수로 넘치게 하시옵소서.

　자비하신 하나님 아버지!

　교회학교 교사, 차량을 운행하는 집사, 중식을 위해 봉사하는 여전도 회원, 환경미화 집사, 주차위원 등 이름 없이 빛도 없이 섬기는 모든 청지기들에게 하나님이 주신 평강이 있게 하시옵소서. 이 시간 예배팀을 세워 주셨사오니 하나님께만 영광이 되게 하시옵소서. 우리 구주 예수님의 이름으로 감사하오며 기도하옵나이다.

　아멘!

8월의 기도
08-03

교회의 머리가 되시고 인간의 생사화복을 주관하시는 하나님 아버지 은혜를 감사합니다. 7월 한 달도 하나님 은혜 아래 우리 동부 공동체를 지켜주시고 이제 8월 첫 주일예배를 드리게 하심을 감사합니다. 사랑의 하나님 아버지, 8월 목회 일정을 하나님께서 인도하여 주시고 부흥의 불길이 타오르게 하시옵소서. 유치부, 아동부 여름성경학교와 청소년부 신앙캠프도 은혜 중에 마치게 하심을 감사합니다. 오늘 예배드릴 때 하나님의 음성을 듣는 시간이 되게 하시옵소서 그리하여 하나님과 관계회복, 교우와의 관계회복, 이웃 간의 관계회복, 가족 간에 관계회복, 기도의 회복을 통해서 주님의 교회가 부흥되게 하시옵소서 사랑의 하나님 아버지 교회학교 교사에게 은혜를 베풀어 주시옵소서. 어린 생명들에게 하나님을 알게 하는 신앙을 심어주는 교육, 미래에 행동하기 위한 교육, 함께 살아가기 위한 교육, 이 땅에 하나님 영광을 위하여 존재하는 교육, 다음 세대를 이어가는 교회의 비전 있는 교육을 목사와 전도사 온 교사를 통해서 이루어 주시오니 감사합니다.

자비의 하나님 아버지, 무더운 삼복더위에 길 떠나는 우리 교우들이 있습니다. 그들의 안전을 지켜주시고 안전하게 귀가할 수 있도록 인도하여 주시옵소서. 이 시간 예배를 드리고 싶지만 병원에 입원하고 있는 장로를 기억하시고 빠른 쾌차가 있게 하시며 걸을 수 있게 하시고 말문을 열어 주시옵소서. 주님의 권능의 손이 찾아주시고 만져주시고 고쳐 주시옵소서. 병원에 다니는 교우들도 있습니다. 주님의 옷자락만 만져도 치유가 되는 것처럼 오늘 말씀을 통하여 치유의 역사와 회복의 능력이 있게 하시옵소서. 이 시간 주님의 사자 말씀 전하실때 8월 한 달 영적대각성과 영성회복이 우리 모든 심령 속에 일어나게 하시옵소서. 말씀을 통하여 귀가 열리게 하시고 영적 눈이 열리게 하시고 거룩한 입이 열리게 하시옵소서.

이 시간 예배를 드릴 때 성령님께서 임재하시고 아멘으로 주님의 말씀을 영접하게 하시옵소서. 능력의 하나님 아버지, 런던 올림픽을 통해서 연일 우리 선수단의 승전보를 보내주심을 감사합니다. 우리나라 선수단과 임원이 혼연일체가 되어 스포츠 강국 대한민국이 되게 하시고 승리하게 하시옵소서. 국위를 선양하게 하시옵소서.

감사하신 하나님 아버지, 자영업을 하는 교우들의 사업이 잘되게 하시고 불경기를 믿음으로 인내로 기도로 극복하게 하시옵소서. 직장에 다니는 성도들 모두 열심히 일하게 하시고 승진과 견고하게 하시고 복음전선에서 영적인 정원사가 되게 하시고 전도의 꽃을 피우고 열매를 맺을 수 있도록 하시옵소서, 한 주간도 교회를 섬기는 청지기들에게 하나님이 주시는 평강이 있게 하시고 가정마다 복되게 하시옵소서. 이 시간 예배팀을 세워 주셨사오니 하나님께 영광이 되게 하시고 감사와 찬미가 성전에 넘치게 하시옵소서.

우리 구주 예수님의 이름으로 기도하옵나이다.

아멘!

8월의 기도
08-04

"하나님이여 내 마음이 확정되었고 내 마음이 확정되었사오니 내가 노래하고 내가 찬송하리이다 내 영광아 깰지어다 비파야, 수금아, 깰지어다 내가 새벽을 깨우리로다"(시 57:8)

할렐루야! 사랑의 하나님 아버지, 일제강점기에 국권을 찬탈당하고 조국 광복을 위해 수많은 애국 열사들의 순국과 믿음의 선진들의 순교와 독립투쟁으로 오늘날 이 민족이 건재함을 다시 한번 감사를 드립니다. 조국의 광복을 위해 크리스천들이 새벽을 깨우는 기도로써 이 민족을 재건하는데 한 알의 밀알을 삼아주심을 감사합니다. 은혜로우신 하나님 아버지, 오늘 예배를 통해서 성령의 임재하심이 있게 하시고 영적인 체험이 있게 하시옵소서. 오직 성령이 임하면 너희가 권능을 받는다고 하셨습니다. 죄 가운데에 살다가 거듭나는 권능이 있게 하시고 구원받는 확신이 있게 하시옵소서. 저희들을 날마다 성령 안에서 인도하여 주시옵소서, 주의 권능을 받으며 섬기며 봉사하며 전도의 열매를 맺게 하시옵소서.

이 시간 주님께 예배드릴 때 죄인들의 굳어진 마음에 참회하는 마음을 주시고 나쁜 습관을 끊어버리게 하시고 뜻을 세워 목적 있는 삶을 살아가게 하옵소서. 은혜로신 하나님 아버지, 청소년 신앙캠프가 은혜 중에 마치게 된 것을 감사합니다. 수고하신 교사 그리고 차량운행 및 찬조와 간식으로 또 기도로 하나된 공동체가 된 것을 감사합니다. 8월 8일~8월 10일 아동부 성경캠프가 시작됩니다. 모든 순서마다 은혜가 넘치게 하옵시고 평안하고 안전사고없게하여 주옵소서. 수고한 교사들에게 하나님 주신 은총이 넘치게 하시옵소서. 학생들은 우리 민족의 희망이요 꿈입니다. 그들이 예수의 삶을 살아가게 하시고 삶에 지혜가 넘치게 역사하여 주옵소서. 능력의 하나님 아버지, 인내하는 믿음을 주시옵소서. 교회 안에서 서로의 차이를 인정하고 이해하며 실수를 하더라도 용서하게 하시옵소서. 자비의 하나님 아버지, 인생의 밤이 깊어 갈지라도 동이 트고 새날이 오듯이 우리의 삶도 신앙도 날마다 새롭게 하시옵소서.

이 시간 하나님의 사자 목사님께서 말씀을 전하실 때 마음의 빗장을 열고 열린 마음으로 주님을 모시며 성령 안에서 한마음으로 새 일을 행하게 하시옵소서. 고통과 시련 가운데 있을지라도 하나님 말씀으로 나 자신을 돌아보며 성숙한 나를 만들기 위한 연단으로 알고 믿음으로 기도로 극복하게 하시옵소서. 향기를 내는 꽃은 낮은 곳에서 피어나듯이 하나님을 섬김으로 낮은 자리에서 때를 얻든지 못 얻든지 최선을 다하여 복음을 전하게 하시옵소서. 하나님이 주신 사랑으로 죽기까지 십자가 도를 전하는 주의 종들이 다 되게 하시옵소서. 주일예배팀을 세워 주셨사오니 하나님이 기뻐 받으시는 향기로 찬양의 제물이 되게 하시옵소서. 우리 구주 예수님의 이름으로 감사하며 기도하옵나이다.

아멘!

8월의 기도
08-05

  에벤에셀이 되시고 임마누엘 되시는 참 좋으신 하나님 아버지 은혜를 감사합니다. 한 주간도 저희들을 눈동자같이 지켜주시고 주님의 날개 아래 품어주시오니 감사합니다. 무더운 삼복 더위 중에서도 우리 동부공동체를 지켜주심을 감사합니다. 또 신령한 은혜로 담대하게 복음을 전하고 증거하는 아동부 교사들의 피와 땀과 눈물과 기도와 헌신으로 하나님이 기뻐하시는 열매를 맺게 하시오니 감사합니다. 오늘 예배에로 부름받은 동부가족 모두 하나님이 주신 신령한 복과 임마누엘 축복을 충만하게 받게 하여 주시옵소서. 천지를 창조하시고 생명의 주관자이시며 역사의 주인이신 하나님 아버지, 이 땅에 기독교가 전파된 지도 백이십 년이 지났습니다. 그러나 아직도 이 땅에는 하나님을 믿지 않은 불신자가 많이 있습니다. 먼저 믿는 자 된 저희들이 더 섬기지 못하고, 사랑과 나눔에 본이 되지 못해서 송구합니다. 사랑의 하나님 아버지, 이 땅에 거주하는 남북한 팔천만 민족을 고쳐 주시옵고 버리지 마시옵소서. 상처를 치유하여 주시옵소서. 거듭나게 하시옵소서. 하나님의 능력으로 민족의 염원인 완전한 광복 조국 통일이 이루어지게 하시옵소서. 감사하신 하나님 아버지, 이 시간 하나님의 사자 담임 목사님께서 말씀전하실 때 하나님의 장중에 붙들어주시고 그 옛날 시내산 모세에게 보여주셨던 해같이 밝은 은혜가 임하게 하시옵소서. 그리하여 저희들의 눈이 밝아지게 하시고 멀리 내다보고 깊이 볼 줄 아는 혜안을 가지게 하시옵소서. 저희들의 마음의 문도 예배를 통하여 열리게 하시옵소서. 8월4일~6일까지 청소년 여름신앙캠프가 개최됩니다. 오고가는 길에 안전케 하시고 헌신하며 봉사하는 교사들을 기억하시고 은혜가 충만하게 하시옵소서.

감사하신 하나님 아버지, 토요일 새벽마다 전도 특공대가 복음을 전할 때 기름 부어 주시옵소서. 단관 근린공원 일원 일대에 복음을 전하고 기도할 때 하나님의 불 같은 성령이 역사하시어 전하는 자나 받는 자 모두 뜨거운 감격의 체험이 있게 하시옵소서. 한 주간도 차량으로, 중식, 화장실 청소, 잔디밭 풀베기, 교사, 찬양대로 봉사하는 일꾼들에게 신령한 복을 내려 주시옵소서.

길이요 진리요 생명이 되신 우리 구주 예수님의 이름으로 간절히 기 하옵나이다.

아멘!

8월의 기도

08-06

교회의 머리가 되시는 참 좋으신 하나님 아버지 은혜를 감사합니다. 에덴동산에서 하나님 언약을 지키지 못하고 불순종으로 원죄와 자범죄를 지은 죄인들이 주님의 은혜로 보좌 앞에 나아와 예배를 드리게 하시오니 감사합니다. 감사하신 하나님 아버지, 7, 8월 여름 성경학교와 청소년부 신앙캠프를 은혜 중에 마치게 하시고 영적 대각성을 통해 성령의 체험을 하게 하여 주시오니 감사합니다. 땀 흘려 헌신한 교사들을 기억하시고 그들을 통하여 동부교회학교 지경이 넓혀지게 하시옵소서. 하나님의 말씀과 은사로 정금같이 쓰임 받는 하나님의 종들이 이 제단에서 많이 배출되게 하시고, 말씀이 살아있고 성도의 교제와 믿음의 역사와 성령의 열매를 맺는 우리 교회가 되게 하시옵소서. 사랑의 하나님 아버지, 이제 이 제단의 권속들 중에 장기간 쉬고 있는 길 잃은 양들이 있습니다. 목자의 음성을 듣게 하시고 주님의 부르심을 듣는 영적인 귀가 열리게 하시옵소서. 온 성도들이 관심과 권면, 기도와 사랑으로 섬기게 하옵소서. 사도 바울은 심었고 아볼로는 물을 준 것 같이 합심하여 그들이 성전에 나올 수 있도록 돕는 역할을 감당하게 하여 주시옵소서. 자비의 하나님 아버지, 우리 동부공동체는 이 시대에 영혼의 갈함과 사업의 실패, 상심, 우울증, 삶의 공허함을 모두 주님께 기도하면서 치유가 되게 하시옵소서. 오늘 예배를 통하여 영혼에 떨림이 일어나게 하시고 주어진 일에 감사하므로 청지기로서 칭찬받는 공동체가 되게 하시옵소서. 사랑의 하나님 아버지, 국지성 호우로 많은 인명피해와 농경지 유실, 도로, 항만 모든 시설물들이 파손되고 농토의 침수로 어려움 가운데 처해 있습니다. 감사하신 하나님 아버지, 이 민족을 궁휼히 여기사 남은 날도 일조량을 많이 주셔서 풍년을 맞을 수 있도록 축복하여 주시옵소서. 이 시간 하나님의 사자 목사님께서 말씀하실 때 영력과 권세로 하나님의 임재하심이 있게 하시옵소서.

이 시간 중창단을 세워 주셨으니 오직 하나님께 영광이 되게 하시옵소서. 한 주간도 교회를 섬기는 청지기들 위해 날마다 성령 충만하게 하시옵소서. 우리 구주 예수님의 이름으로 기도하옵나이다. 아멘!

8월의 기도

08-07

할렐루야! 좋으신 하나님 아버지, 은혜를 감사합니다. 무더운 삼복 더위 중에서도 하나님이 지켜주시옵고 보호하여 주시오니 감사합니다. 한 주간도 언행심사 잘못된 것 많사오니 용서하여 주시옵고 죄사함을 받게 하시옵소서. 사랑의 하나님 아버지, 오늘 거룩한 성일을 맞아 하나님의 날에 전국 방방곡곡마다 하나님의 성전에서 예배를 드리는 모든 교회와 온 성도들을 축복하여 주시옵소서. 찬송과 예배가 향기로운 제물이 되게 하시고 마음과 뜻과 정성을 다해 드려지는 예배가 되게 하시옵소서. 감사하신 하나님 아버지, 이 시간 말씀을 대언하실 주님의 사자에게 영권을 더하여 주시옵소서. 하나님이 주신 능력의 말씀에 온 성도의 영혼에 떨림이 일어나게 하시고 은혜의 강수로서 심령에 쓴뿌리와 잡초를 제거하여 옥토밭이 되어 풍성한 영적 결실을 맺게 하시옵소서. 사랑의 하나님 아버지, 우리 교회 여름성경학교를 은혜 중에 마치게 됨을 감사합니다.

여름 성경학교 때 받은 은혜대로 일상의 삶을 살게 하옵소서. 저희들이 하나님 아버지를 믿는다 하면서도 세상일에 너무 지나쳐 종종 망각할 때가 있었습니다. 어린이와 같은 순진한 그리스도인이 되게 하시옵소서. 그리하여 저희들의 삶이 날마다 성화되어 가게 하시옵소서. 능력의 하나님 아버지, 유치부와 아동부 여름성경학교를 은혜 가운데 마치게 하심을 감사합니다. 수고하신 전도사님과 말씀 사역자들 교사 그리고 중식과 간식, 차량봉사 이름없이 빛도 없이 충성한 청지기들에게 주님이 주신 은총이 있게 하시옵소서. 자비의 하나님 아버지, 8월4일~6일까지 청소년부 제2청년회 캠프가 시작됩니다. 이번 신앙 캠프를 통하여 하나님을 인격적으로 만나게 하시고 영적 체험이 일어나게 하시옵소서. 하나님 아버지, 8월 마지막 주일날 새생명 축제 선포식이 있습니다. 줄어가는 영혼구원을 위해 천국잔치를 열고자 합니다. 그러나 저희들의 영성이 빈들에 마른 풀같이 힘이 없습니다. 좋으신 하나님 아버지, 내 가족, 내 형제, 이웃사촌, 직장동료, 일가친척 모두 귀중한 생명입니다. 그러나 저희들은 부족하여 중보기도조차 하지 못할 때가 너무나 많습니다. 하나님 아버지 도와 주시옵소서. 주님의 거룩한 음성을 듣게 하시옵소서. 존귀하신 하나님 아버지, 하나님은 지금도 보고 계시고 듣고 계시고 한 생명의 영혼구원에 집중하고 계심을 믿습니다. 그리하여 저희들이 세속에서 일신의 욕망과 안락을 버리고 청빈한 생활과 순결함으로써 그리스도의 신부로서 날마다 좁은 문의 길을 가게 하시옵소서. 사랑의 하나님 아버지, 우리 교회에 병마로 고통받는 성도가 있습니다. 주님의 능력의 손, 창조의 손, 보혈의 피, 치유의 손으로 육체의 환부에 안수하사 이 시간 모든 병마가 떠나가고 완전히 치유되게 하시옵소서. 고쳐 주시옵소서. 흔적도 없이 나음을 받아 일상생활로 돌아오게 하시옵소서. 이 시간 아브람 선교회원이 특송을 드립니다. 영광받아 주시옵소서. 존귀하신 우리 구주 예수님의 이름으로 감사기도하옵나이다.

아멘!

9월의 편지

뜨거운 태양빛이 이 산하에 축복으로 비추사
우리들이 받은 축복이 수를 셀 수 없을 정도로 넘쳤어라.
년년마다 축복이요 년년마다 풍년일세.
살기좋은 우리나라 철도와 고속도로 국도 잘 뻗은 젖줄
푸른 산 푸른 강 나의 조국 대한민국 하나님 만세
산촌마다 전원주택 도심마다 높은 빌딩 셀 수 없는 자동차
수많은 차량물결이 쉼없이 달리고 열심히 일하는 우리 국민
마트마다 쌓여진 필수용품 그리고 식자재 먹거리는 넘쳐
우리가 사는 이 시대에 풍요로운 지상 천국 우리나라
반 만 년 유구한 역사 중에 이런일이 있었던가.
배고프고 헐벗고 가난했던 세계 최대 빈국이 부자나라 되어서
동해물과 백두산이 마르고 닳도록 하나님이 보우하사
우리나라 만세 십자가의 나라 우리나라 기도하는 우리나라
새벽마다 깨어있는 나라 우리 민족 조국이여 영원하라.

9월의 기도
09-01

좋으신 하나님 아버지 은혜를 감사합니다. 오늘도 부족한 저희들에게 새 날을 주시고 새벽 미명에 하나님이 계신 성전에서 예배드릴 수 있게 하심을 감사합니다. 아직도 저희들은 청춘 같은데 육신이 연약함으로 모든 것이 약해지는 것을 느낍니다. 사랑의 하나님 아버지, 일상 생활 속에서 순간순간 외롭고 쓸쓸함이 찾아옵니다. 하나님 아버지를 믿으면서도 나약한 모습에 하나님 앞에 송구스럽습니다. 자비의 하나님 아버지, 현 시대에는 정보화 사회로써 모든 정보가 시시때때로 쏟아지고 있습니다. 사회가 발달할수록 하나님을 멀리하게 되고 세상 풍조에 휩쓸리기 쉬운 저희들입니다. 거룩하신 하나님 아버지, 이 세대를 본받지 말게 하시고 완악한 저희들의 심령속에 주님이 주신 평화가 날마다 있게 하옵소서. 오직 주님을 향하여 영원한 안식을 누리게 하시옵소서. 감사하신 하나님 아버지, 텅빈 방에 홀로 잠드는 나약한 저희들이지만 단잠을 주시옵고 꿈속에서도 하나님이 주신 평화의 동산에서 하나님의 말씀을 듣게 하시옵소서. 수많은 언론매체와 영상, 프로그램 등은 교회에 대해 부정적으로 매도하고 내가 잘 되기 위해서 남을 이용하고 위해 하는것을 정당화하는 잘못된 풍조를 고쳐 주시옵소서. 그러할 때 이 민족이 꿈과 희망을 가지고 협력하여 전진할 수 있음을 믿습니다. 오늘 예배의 시종을 주님께 맡기옵고 예수님의 이름으로 기도 드립니다.

아멘!

9월의 기도
09-02

할렐루야! 사랑과 은혜가 풍성하신 하나님 아버지, 은혜를 감사합니다. 오늘도 저희들에게 하늘 양식을 주시기 위하여 동서사방에서 하나님의 성전으로 불러주시고 사죄의 은총을 내려 주심을 감사합니다. 사랑의 하나님 아버지, 우리 동부공동체는 영혼구원 새생명 전도의 예비신자들의 영혼을 살리는데 전심 전력을 다하고자 합니다. 저희들이 가슴에 품고 기도하는 청장년 199명, 아동부. 청소년부 66명의 고귀한 생명을 구원시키고자 그 어느 때보다도 마음을 다하고 정성을 다하고 있습니다. 이를 위해 24시간 릴레이 기도와 영성회복과 성령님의 도우심을 강구하고 있습니다. 사랑의 하나님 아버지, 이 시간 하늘 문을 열어 주시고 성령의 기름을 부어주시옵소서. 하나님 아버지, 도와주시옵소서. 인도하여 주시옵소서. 존귀하신 하나님 아버지 이번 천국잔치에 연일연야 교회부흥에 목말라 하신 하나님의 사자 목사님을 영육간에 강건함으로 지켜 주시고 영력을 칠배나 더하여 주시옵소서. 사모님과 자녀들 모두 평강과 은혜가 충만하게 하시옵소서. 은혜의 하나님 아버지, 생명 구원을 위해 최선을 다하신 목사님 말씀에 순종하게 하시고 온 성도님이 아멘으로 헌신하게 하시옵소서. 능력의 하나님 아버지, 그 옛날에 이스라엘 백성이 광야에서 젖과 꿀이 흐르는 땅, 가나안을 정탐할 때 그들은 거인이요 자신들은 메뚜기라 했습니다. 그러나 여호수아와 갈렙은 그들은 우리의 밥이라 했습니다. 긍정적인 생각으로 부흥하는 동부교회, 하는 일마다 잘되는 교회, 순종으로 섬기며 마음과 정성을 다하는 교회, 기도의 에너지가 분출되는 교회, 생명의 구원의 역사가 일어나는 교회가 되게 하시옵소서. 자비의 하나님 아버지, 우리 교회에 수능시험을 보는 학생들이 있습니다. 남은시간 최선을 다하여 편안한 마음으로 평소보다 더 성적이 올라가게 하시고 그들이 원하는 대학교에 합격하게 하시옵소서. 좋으신 하나님 아버지, 이 시간 실연과 역경속에 인생의 막다른 길 위에 있는 심령들이 있습니까. 비록 좌절과 절망이 인생의 진로의 가로막고 있더라도 하나님을 찾고 다시 한번 도전할 수 있는 용기를 주시옵소서. 절망에서 소망으로 부정에서 긍정으로 변화되는 인생의 역전 드라마가 시작되게 하시옵소서. 사랑의 하나님 아버지, 11월 마지막 주에는 정책당회로 모이고자 합니다. 명년도에 교회행정 전반의 계획을 할 때 성령님이 인도하여 주시옵고 적재적소의 필요한 청지기를 세우게 하시옵소서. 이 시간 하나님 말씀을 듣고자 합니다. 말씀이 저희 마음 밭에 심겨지게 하시옵소서.

중창단을 세워주셨사오니 곡조 있는 기도인 찬양을 통해 오직 하나님께만 영광 돌리게 하여 주시옵소서. 길이요 진리요 생명이신 우리 구주 예수님의 이름으로 간절히 기도하옵나이다.

아멘!

9월의 기도
09-03

할렐루야! 여호와 라파 치유의 하나님 아버지 은혜를 감사합니다. 한 주간도 언행심사 잘못한 것 많았사오니 용서하여 주시옵고 죄사함을 받게 하여 주시옵소서. 너희들의 죄가 주홍 같을지라도 눈과 같이 희어질 것이요 진홍같이 붉을지라도 양털같이 희게 되리라. 주님의 음성을 듣게 하시옵소서. 은혜로우신 하나님 아버지, 9월 목회 일정을 인도하여 주시옵고 예수사랑 축제 한 생명 살리기 전도대집회를 앞두고 저희들이 먼저 영적으로 깨어있게 하옵소서. 여리고 성 점령 작전과 마음의 땅 밟기 운동으로 동부교회에 부흥의 불길이 일어나게 하시고 영적인 에너지가 충전하여 주의 제단이 날마다 복음전도의 나팔이 울려 퍼지게 하시옵소서. 주님의 십자가를 저희들이 따라가게 하시옵소서. 가는 길이 힘이 들지라도 한 생명 영혼구원에 최선을 다하게 하시옵소서.

사랑의 하나님 아버지!

상하고 지치고 삶의 현장에서 성도님들의 눈물을 닦아주시옵소서. 갈한 심령에 생수를 부어주시고 주님 섬기다가 지친 육신을 여호와 라파 치유의 하나님 아버지 고쳐주시옵소서 만져주시옵소서. 회복되게 하시옵소서. 그리하여 막힌 동맥과 정맥이 박동하고 생명이 흐르게 하시옵소서.

지금 이 시간도 홍길동 장로님 길용한 권사님, 박기호 청년에게 주님의 손을 얹어 주소서. 치유의 역사가 일어나게 하시옵소서. 감사하신 하나님 아버지, 우리 동부교회는 문턱을 더 낮추기에 하시옵소서. 주님도 섬김의 종으로 오셨습니다. 그러므로 온 성도들이 더욱 낮아지게 하시고 문턱을 낮춤으로 하나님의 역사가 일어나게 하시옵소서. 하나님의 주권을 인정하게 하시고 하나님의 사랑의 말씀을 날마다 전하게 하시옵소서.

능력의 하나님 아버지!

오늘 예배를 드릴 때 저희 심령을 마음이 온유하게 하시고 몸과 영혼이 깨끗하고 성결하여 영광의 예배가 되게 하시옵소서.

좋으신 하나님 아버지!

저희들에게 주어진 시간을 잘 활용하여 나중 주님 앞에 설 때 '잘했다' 칭찬받는 종이 되게 하옵소서. 이 시간 주님의 사자 목사님을 세워주셨사오니 주님의 권세로 인도하셔서 말씀의 불이 저희들 마음밭에 임하게 하시옵소서. 이 시간 중창단을 세워주셨사오니 주님의 사랑이 저희들의 마음에 넘치게 채워주소서.

주님 나라를 위하여 사명을 다하게 하시옵소서. 한 주간도 섬기시는 모든 교우님들에게 하나님이 주신 평화와 은혜가 넘치게 하시옵소서. 우리주 예수님 이름으로 감사하며 간절히 기도하옵나이다. 아멘!

9월의 기도
09-04

참 좋으신 하나님 아버지 은혜를 감사합니다 한 주간 세상 가운데 살아갈 때 순간순간 시련이 있었습니다. 그 시련을 이기고 시간의 저편 새 아침의 문을 열고 새벽기도를 통해 하나님을 만나게 하시니 감사합니다. 눈부신 태양을 바라보며 아침 공기를 가르며 성전에서 기도하게 하시오니 감사합니다. 오늘 예배를 통해서 저희들의 죄악된 삶의 마음의 밭을 주님의 말씀으로 씻어주시고 은혜로 덮어주시옵소서. 저희들에게 어떠한 장애나 시험 환난도 따뜻한 햇살처럼 미소로 답하며 평화로움과 말씀으로 채워 주시옵소서. 우리가 꽃을 보는 순간 우리들의 마음이 꽃이 되고 성령과 믿음으로 그리스도의 빛과 소금 향기가 되게 하여 주시옵소서. 저희들이 그리스도의 향기가 되게 하시고 하나님께 소명을 두며 이웃에게 선한 일을 행하여 온유하게 섬기면서 살아가게 하시옵소서. 초대교회는 유대인을 넘어 헬라인에게도 복음을 전파하였습니다. 그리하여 이

방인에게도 믿기만 하면 구원을 주셨습니다. 사랑의 하나님 아버지, 주님의 손이 동부공동체와 함께하소서. 초대 교회처럼 많은 사람들이 주님께 돌아오기를 원합니다. 자비의 하나님 아버지, 이 가을에 영혼구원의 선한 열매와 영적인 열매를 거두게 하시옵소서. 좋으신 하나님 아버지, 이제 남은 시간도 우리 모두 다 최선을 다하여 아름다운 결실의 열매를 주님이 주신 곳간에 채우게 하시옵소서. 사랑의 하나님 아버지, 하나님을 믿으면서도 아직도 한 생명도 구원시키지 못한 분이 계신다면 이번 결실의 계절 가을에 영혼구원의 열매가 맺히게 하시옵소서. 한 주간도 맡겨진 일에 최선을 다하신 모든 청지기들 하나님이 주신 평화와 평강이 넘치게 하시옵소서. 이 시간 주님의 사자 목사님 말씀하실 때 성령님의 감동과 감화와 생명의 역사가 넘치게 하시옵소서. 오늘 예배를 통해서 저희들의 영혼에 안식처와 영혼의 샘터가 흘러 영원히 목마르지 않는 은혜의 강수가 온 성도들과 교회 공동체에 충만하게 하시옵소서. 길이요 진리요 생명이 되신 우리 구주 예수님의 이름으로 감사하며 기도하옵나이다.

아멘!

　성도의 위로가 되시오며 능력이 되시는 하나님 아버지 은혜를 감사합니다. 우리가 힘들고 지쳐 있을 때 위로해주시고 육신의 병마로 인하여 고통당할 때 치료해주셔서 감사합니다. 수제자 베드로도 예수님을 세 번씩이나 부인하고 숨어지냈으나 예수님이 그를 찾아주셔서 위로하여 주시고 세워주셨습니다. 오직 너희는 택하신 족속이요 왕 같은 제사장들이요 거룩하신 나라요 그의 소유된 백성이라고 말씀했습니다. 지렁이같이 약해보이는 야곱을 통하여 믿음의 조상이 되게 하시고 저희들도 하나님의 자녀가 되게 하심을 감사합니다. 사랑의 하나님 아버지 오늘 예배드릴 때 은혜의 강수가 우리 각자 내면 깊숙이 충만하여 부정적 생각과 말이 긍정적 사고로 바뀌게 하시고 불평했던 언어가 칭찬과 감사로 바꾸어지는 변화가 이루어지게 하시옵소서. 열등감이 자신감으로 약함에서 담대히 당당하게 바뀌어 삶 속에서 승리하면서 살아가게 하시옵소서. 자비의 하나님 아버지 오늘 거룩한 성일에 영적 에너지를 공급 받아서 마음 속 깊이 새기고 경청하여 인생의 길을 하나님의 도우심으로 인도받게 하시옵소서. 좋으신 하나님 아버지, 마음의 즐거움은 양약이라도 심령의 근심은 뼈를 마르게 한다 하였습니다. 마음의 병이 들면 심령이 약해지고 가정이 어두워지며 직장에서 의욕이 상실되며 원망과 불평이 앞섭니다. 은혜로우신 하나님 아버지, 저희들에게 매일 십자가 은혜를 체험하게 하시고 성령의 인도하심으로 재림 예수님을 사모하여 이 땅에 하나님의 나라가 임하게 하시옵소서. 그리하여 복음에 빚진 자로서 전도의 사역을 잘 감당하게 하시옵소서. 사랑의 하나님 아버지, 9월 목회 일정을 지켜주시고 9월 7일부터 추계 대심방이 시작됩니다. 이번 대신방을 통해서 믿음이 약한 자를 일으켜 주시고 장기 결석자들을 말씀으로 충전시키며 사업이 어려운 교우들을 위로하고 용기를 주며 직장이 없는 자들에게 도전과 개척정신이 심어지게 하시옵소서. 이 시간 주님의 사자 목사님께서 말씀하실 때 영혼의 충만과 갈한 심령이 생수의 말씀으로 가득차게 하시옵소서. 한 주간도 차량으로 중식, 청소, 교사로 알게 모르게 헌신한 하나님의 모든 일꾼들에게 은총이 넘치게 하시옵소서. 이 시간 성가대를 세워주었사오니 오직 하나님께 영광이 되게 하시고 주님의 진리가 온 회중에게 충만 충만하게 하시옵소서. 길이요 진리요 생명이 되신 우리 구주 예수님의 이름으로 기도하옵나이다.

　아멘!

"나는 선한 목자라 나는 내 양을 알고 양도 나를 아는 것이 아버지께서 나를 아시고 내가 아버지를 아는 것 같이 나도 양을 위하여 목숨을 버리노라"

할렐루야!

참 좋으신 하나님 아버지 은혜를 감사합니다. 어느덧 가을의 첫 문 처서를 지내고 들녘에 알알이 영글어가는 농작물을 볼때 하나님께 감사와 찬송을 드립니다. 폭우로 인하여 농경지 유실과 침수가 발생하여 농민들 가슴에 아픔이 있었지만 이 땅에 늦더위와 일조량을 많이 주셔서 평년작은 밑돌지만 풍성한 가을을 주심을 감사합니다.

사랑의 하나님 아버지!

9월 한 달도 기도로 문을 열게 하여 주시옵소서. 예수님의 권세로 모든 장애물을 거두어 가게 하시고 포기하지 말며 육체와 싸워서 기도로서 새롭게 하여 주시옵소서. 우리들 삶의 닫힌 인간관계와 직장, 사업에도 기도의 열쇠로 열어지게 하시옵소서 기도할 때 옥문이 열리고 쇠사슬이 풀어진 것같이 우리 모두 영적으로 얽매여 있는 쇠사슬이 풀어지게 하시옵소서. 영적인 기도로 기도의 날을 갈아 세우게 하시옵소서.

사랑의 하나님 아버지!

환난 가운데 질병과 그리고 생명의 위험이 있는 가운데에서도 기도함으로 하나님의 사랑을 체험하는 역사가 있게 하시옵소서. 다니엘의 세 친구가 한마음이 될 때 사지에서도 하나님께서도 생명을 지켜주셨습니다. 9월의 추계 대심방이 시작됩니다. 가정마다 하나님 사자의 말씀으로 은혜를 받게 하시고 주님께서 성령으로 인도하여 주시옵소서. 은혜로우신 하나님 아버지, 이 민족이 목이 곧은 백성일지라도 버리지 마시고 하나님의 통치로 오직 정의를 물같이 공의가 마르지 않는 강같이 흐르게 하시고 제사장 나라가 되게 하시옵소서. 이 나라가 부강해지면 국민들이 하나님을 멀리 하고 타락할까 하나님의 은혜를 잊어버릴까 두렵고 떨립니다. 회개 운동이 일어나게 하시고 하나님께로 돌아오게 하시옵소서. 8천만 민족이 하나님의 백성이 되게 하시옵소서. 완전한 조국 통일이 이루어지게 하시옵소서. 무더운 날씨에도 국토방위를 위해 애쓰는 육해공군 병사들에게 건강과 치안의 질서와 국민의 재산을 보호하는 민주 경찰과 소방대원들, 산업현장에서 피땀 흘린 노동자들, 국민에게 소식을 전해주는 우편집중국 공무원, 이 시간에도 땀 흘리며 농어촌에서 일하시는 농어민 모두 다 하나님의 보살핌과 축복을 나리워 주시옵소서. 이 시간 목사님 성대를 보호하시고 치유되게 하시옵소서. 성령님의 강력한 불세례가 내면의 세계에 넘치게 하시옵소서. 시온성가대를 세워주셨사오니 오직 하나님께 영광이 되게 하여 주시옵소서. 한 주간도 섬기시는 모든 청지기들을 성령충만하게 하시옵소서. 우리 구주 예수님의 이름으로 기도 하옵니다.

아멘!

9월의 기도
09-07

"하나님이시여 사슴이 시냇물을 찾기에 갈급하듯이 내 영혼이 주를 찾기에 갈급하나이다. 내 영혼의 하나님 곧 살아계시는 하나님을 갈망하나니 내가 어느 때에 나가서 하나님 얼굴을 뵈올가"(시 42:1, 2)

할렐루야! 한 주간도 나그네 인생길 지나가면서 우리의 본향 하늘나라를 사모하는 모든 성도들에게 하나님이 주신 평화가 넘치게 하시옵소서. 이 시간 예배드릴 때 온 성도들이 감사와 찬미로 하나님께 영광 되게 하시옵소서. 하나님이 주신 보혜사 성령님의 임재가 있게 하시고 죄의 사슬에서 자녀의 신분으로 회복되는 은총이 있게 하시옵소서. 오늘 예배드릴 때 아브라함의 하나님, 이삭의 하나님, 야곱의 하나님이 우리들의 하나님이 되심으로 믿음의 계보를 이어가게 하시고 하나님을 경외하는 저희들이 되게 하시옵소서. 사랑의 하나님 아버지 우리 한국 교회가 찬송이 회복되게 하시고 십자가 복음으로 다시 되돌아가게 하시옵소서. 그리하여 초대교회처럼 믿음의 대 선배들의 흔적을 따라가면서 총회와 노회, 지교회까지 말씀으로 돌아가게 하시고 복음지향 선교의 사명을 잘 감당하게 하시옵소서.

은혜로우신 하나님 아버지!

우리 교회 온 성도들에게 물질의 자족함이 있게 하시고 날마다 감사가 있게 하시고 더 큰 비전과 미래를 내다보며 하나님이 함께 하심으로 소망 중에 승리하는 삶이 되게 하시옵소서.

사랑의 하나님 아버지!

가을 학기 새 소식반 전도 프로그램이 시작됩니다. 가정을 오픈하시는 가정 위에 하나님이 주신 영적인 축복과 물질의 복도 내려 주시옵소서. 어린 생명들의 영혼 구원을 위해 정성을 다하시는 교사들을 기억하시고 하나님이 주신 평강이 있게 하시옵소서. 그리하여 하나님의 말씀이 어린이들 심령에 심어지게 하시옵소서. 9월 목회 일정을 인도하시고 날마다 성령님이 함께하시옵소서. 성전공사가 시작이 됩니다. 시작부터 마칠때까지 주님께서 도와주소서. 시험에 들지 않게 하시고 하나님이 기뻐 하시는 성전으로 다듬어지게 하시옵소서. 이 시간 하나님의 사자 목사님을 세워주셨사오니 하나님이 주신 권세와 권능으로 하나님의 말씀으로 듣게 하시고 저희들의 심령의 마음밭에 새겨지게 하시옵소서. 영안이 열리게 하시고 영적인 귀가 열리게 하시오며 성령의 불길이 일어나게 하시옵소서. 고향에 계시는 목사님 부모님 네 분과 온 가족이 사철의 봄바람이 불어오듯이 날마다 은혜가 풍성하게 하시옵소서. 성가대를 세워 주셨사오니 곡조있는 기도로 오직 하나님께 여광돌리게 하시고 저희들에게 평화가 임하게 하시옵소서. 존귀하신 우리 구주 예수님의 이름으로 감사 기도하옵니다.

아멘!

9월의 기도
09-08

할렐루야! 사랑과 은혜가 풍성하신 하나님 아버지 감사합니다. 무더운 삼복더위도 지나가게 하시고 메마른 땅에 생명의 단비를 주셨사오니 감사합니다 한 주간도 언행심사 잘못된것 많았사오니 죄 사함을 받게 하시옵소서. 오늘 거룩한 성일 주일날입니다. 한 주간도 세상일로 바쁜 가운데서도 영적인 충만과 육신의 힘을 주신 하나님께 영광 돌리는 예배가 되게 하여 주시옵소서. 하나님 말씀의 임재가 있는 예배 되게 하시옵소서. 사랑의 하나님 아버지, 이 시간 저희들이 믿음과 정성으로 하나님께 드려지는 예배가 되게 하시옵소서. 먼저 말씀의 은혜를 사모하는 순결한 신부로서 신령과 진정으로 드려지게 하시옵소서. 존귀하신 하나님 아버지, 이 시간 은혜의 보좌 앞에 나왔으니 하나님의 거룩하신 말씀, 능력의 말씀, 치유와 회복의 말씀, 소명의 말씀이 각자 심령마다 넘치게 하시옵소서. 하나님 아버지, 반만년 유구한 세월 속에 우리 대한민국을 지켜주시옵고 인도하여 주시오니 감사합니다. 하나님이 다스리는 나라 하나님을 경외하는 나라, 하나님이 보호하시는 우리나라, 하나님 말씀에 순종하여 복음 사역에 최선을 다하는 우리나라가 되게 하시옵소서. 우리 대통령이 담대하게 산적한 국정을 잘 처리할 수 있도록 하나님께서 지혜와 은혜를 주시옵소서. 한반도의 사드 배치 문제로 국론이 분열되고 지역 이기주의로 안보가 위협받지 않도록 국민의 한 사람으로 오직 하나님께 의지합니다. 하나님 아버지! 이 민족을 도와주시옵소서. 하나님이 결정하시고 하나님 섭리 가운데 국민에게 생명, 재산, 국가를 보위하기 위하여 대동단결하여 정부를 믿게 하시고 우리민족이 하나되게 하시옵소서. 은혜의 하나님 아버지, 이 시간 하나님의 사자 말씀을 대언하실 때 갈멜산의 불의 제단처럼 말씀의 불이 저희들 심령 속에 임하게 하시옵소서. 죄인된 저희들에게 죄사함과 말씀으로 거듭나게 하시옵소서. 능력의 하나님 아버지, 우리 동부공동체의 권속 가운데 병마와 싸우고 있는 이가 있습니다. 하나님의 능력의 손으로 보혈의 피 한 방울이 이 시간 아픈 부위에 수혈되게 하여 주시옵소서. 그리하여 기적이 일어나 완치의 기쁨을 맛보는 은혜와 평강의 시간이 되게 하시옵소서. 이 시간 깨끗하게 치유되게 하시옵소서. 흔적도 없이 모든 병마는 떠나가게 하시옵소서. 완전히 회복되게 하시옵소서. 한 주간도 차량 운행으로 안내로 성전의 꽃꽂이로 봉사하는 손길, 청소, 중식, 교사, 구역장, 교회학교 사역장, 교회를 섬기시는 모든 청지기들에 하나님이 주신 평화가 있게 하시옵소서. 이 시간 교회에 처음 나오신 분은 예수님을 영접하게 하시옵고 하늘 생명책에 기록되는 구원의 은총을 받게 하시옵소서. 우리 구주 예수님의 이름으로 기도하옵나이다.

　아멘!

9월의 기도
09-09

할렐루야! 생명의 주관자가 되시고 구원의 주가 되시는 하나님 아버지 은혜를 감사합니다. 한 주간도 언행심사 잘못된 것 많았사오니 용서해주옵소서. 하나님의 임재가 있는 은혜의 보좌에서 허물과 죄악으로 불순종한 저희들이 주님의 십자가 보혈의 권세로서 순결한 신부가 되게 하시옵소서. 사랑의 하나님 아버지, 9월 목회일정을 인도하여 주시옵소서. 새생명개강 제자훈련, 사역훈련, 추계 대신방, 새생명축제를 위해 한마음으로 영혼 구원에 최선을 다하게 하시옵소서. 은혜로우신 하나님 아버지, 불신지옥으로 가는 가족, 친지, 형제, 자매, 이웃에게 이번 기회에 애타는 마음, 사모하는 마음, 갈급한 마음으로 영혼구원에 최선을 다하게 하시옵소서. 한 영혼에 집중하게 하시고 아직도 인가 기도 되지 못한 심령들이 굿 뉴스 바이블 하나님의 말씀을 듣고 구원의 방주 동부공동체의 새 가족이 되게 하시옵소서. 안 된다 할 수 없다 하면 뭐하나 등의 부정적인 생각은 공동체에 위기를 가져오는 사탄의 계략임을 알게 하시옵소서. 하면 된다 한번 해보자는 말은 공동체의 생명을 살리는 일입니다. 긍정의 생각으로 영적 고지를 점령하며 지경이 넓혀지게 하시옵소서. 사랑의 하나님 아버지, 수능시험과 수시입시를 준비하는 학생들이 있습니다. 지혜와 총명을 주셔서 원하는 대학교에 입학하게 하시옵소서. 하나님이 세우신 피택장로, 안수집사, 안수권사, 온 재직 온 성도들에게 하나님의 손이 인도하시사 충성스러운 청지기들이 다 되게 하시옵소서. 이 시간 하나님의 사자 우리 목사님께서 말씀하실 때 하나님의 권능과 권세를 더하여 주시옵소서. 영육간에 강건하게 하시옵소서. 그리하여 은혜의 강수가 심령마다 아멘으로 화답되게 하시옵고 성령 충만하여 새생명 축제 영혼구원과 전도의 열정이 일어나게 하옵소서. 이 시간 주일 예배팀을 세워 주셨사오니 찬양이 하나님께 영광 영광 되게 하시고 저희들에게 은혜의 강수가 심령마다 넘치게 하시옵소서. 존귀하신 우리 구주 예수님의 이름으로 기도하옵나이다.

아멘!

10월의 노래

하나님의 부르심 받아 천국 백성되어지고

바다보다 넓고 넓은 은혜 주님께서 주셨네.

산과 들 영글어 가는 황금 물결 들녘에 풍년이 왔네.

우리의 조국 산하 잘 다듬어진 아름다운 들녘에

황글 물결 오곡 백과

황금이 익어간다. 가을이 익어간다.

바람결에 일렁인다.

황금 꾀꼬리 오곡백과 하늘은 높고 푸르며

넉넉한 우리 마음 우리 국토에

하나님이 택한 민족 우리나라 부지런하고 성실한 민족

산천마다 나무마다 바위마다 풀 한 포기도 흙 한줌도

우리에게 주어진 하나님의 선물 잘 가꾸고 보존하세.

가을 들녘 과수밭에 사과는 영글어 가고

인삼캐는 들녘 살기 좋은 우리 나라 우리의 농촌

우리의 금수강산 우리 하나님 도와주시고 인도하시오니
여기가 천국일세.
우리는 예수님의 은택입은 크리스천으로
이 땅에 복음의 씨앗이 되어
예수님의 작은 공동체로 살아가길 원합니다.
　아멘!

10월의 기도
10-01

넓은 들녘에 황금 물결이 일렁이고 풍년가을을 주신 하나님께 감사를 드립니다.

저희들에게 때를 따라 비를 내려주시고 메마른 대지 위에 은혜의 단비, 생명수를 주신 아버지 하나님 감사합니다.

씨를 뿌린 농민들의 손길따라 싹을 틔게 하시고 생명이 자라게 하시는 하나님의 섭리를 깨닫게 하시오니 감사합니다.

무더운 삼복 더위에 뇌성폭우가 쏟아지고 비바람이 불어오는 고난의 시간이 있었지만 가을 들녘 알알이 영글어가는 풍성한 가을. 들녘에 하나님이 주신 풍년의 선물이 너무 감사합니다.

저희들에게 먹을 수 있는 일용할 양식을 주시옵고 곡간마다 넘치는 곡식을 주시오니 감사합니다.

사랑의 하나님 아버지 저희들에게 비바람과 추위를 이길 수 있도록 집을 주시고 또 입을 수 있는 옷을 주셨사오니 감사합니다.

사철의 봄바람이 불어오고 누구든지 열심히 일을 하며 먹을 수 있는 양식 날마다 하나님께서 쉼을 주시오니 감사합니다.

전능하신 하나님 아버지, 추수계절 들녘에 추수할 일꾼을 찾고 있습니다.

제 때에 추수할 수 있도록 일꾼을 부르시고 때를 따라 추수할 수 있도록 인도하시고 채워주시옵소서.

좋으신 하나님 아버지, 높은 산에서부터 가을빛 단풍이 들기 시작하였습니다.

고운비차 연노란색, 빨간색 갈색 형언할 수 없는 아름다운 가을의 경치는 하나님이 빚으신 최고의 걸작품이요 참으로 아름다웠습니다.

추수감사의 계절을 맞이하여 한 생명 고귀한 생명 천국잔치에 꼭 오셔서 영원불변한 생명수가 온 교회 위에 충만하게 하시옵소서.

예수님의 이름으로 기도합니다.

아멘!

10월의 기도
10-02

하나님을 믿고 의지하여 내가 변하고 가족이 변하고 사회가 변하고 민족이 변하고 한국교회가 변하여 참으로 경찰서가 필요없는 우리나라 죄수가 없는 우리나라

모든 국민이 세상을 새롭게 하는 에너지가 되게 하시고 먼저 그 나라와 그 의의를 구하라는 하나님의 말씀에 순종하며 따르게 하시옵소서.

사랑의 주님, 이 밤도 주님께 저의 육신 모두를 맡깁니다.

주여 편히 잠들게 하시옵소서.

우주만물을 창조하시고 자연을 다스리시며 주인이 되신 우리 하나님 아버지.

하나님이 자라게 하시고 열매를 맺어 알곡으로 추수할 수 있게 하셨사오니 감사합니다.

10월은 결실의 달입니다.

뜨거운 태양 아래 오곡백과가 자라나게 하시고 키워주었사오니 감사합니다.

농촌에서 구슬땀을 흘리며 수고하신 농민들에게 감사하게 하시옵소서.

하나님의 섭리 가운데 기름진 옥토 생명의 은총을 주었사오니 감사합니다.

사랑의 하나님 아버지

작은 벌레에서부터 곤충까지 그리고 들에서 자라나는 풀잎마저 하나님께서 심으시고 자라나게 하시고 입히시고 먹이시고 그 생명의 은총을 값없이 주시오니 감사합니다.

산중 깊숙이 짐승들과 날아다니는 새들 그리고 강의 물고기 개울의 작은 고기까지 바다의 모든 어류에 이르기까지 번성하게 하시고 창대하게 하셨사오니 감사합니다.

좋으신 하나님 아버지 가을철 타작마당에서 추수할 때 알곡은 창고에 쭉정이는 불에 없어지는 것 같이 우리들은 하나님의 부르심을 받아 모두 추수할 알곡으로 하나님 나라에 곡간에 인도하여 주시옵소서.

이 시간 하나님의 사자 목사님께서 말씀하실 때 성령님의 임재가 있게 하시고

오순절의 불의 역사가 있게 하시옵소서.

성령을 받지 아니할 때 예수님을 부인하고 저주까지 하였지만 성

령받아 목숨까지도 바치는 제자의 길, 순교 사역을 하는 위대한 하나님의 종으로 쓰임받았습니다.

하나님을 믿기는 하나 확신이 없는 믿음, 알기는 알아도 행하지 못한 나약한 심령 속에 성령님의 강력한 권능의 역사가 임하여 삶이 변화되고 부정적 생각이 긍정의 생각으로 바뀌게 하옵소서.

나는 죽고 오직 예수로만 사는 하나님이 찾으시는 작은 예수의 삶을 살아가는 성도들이 되게 하시옵소서.

이 시간 하나님께만 영광이 되게 하시고 온 성도들에게 은혜와 평화가 있게 하시옵소서.

우리 구주 예수님의 이름으로 기도하옵나이다.

아멘!

10월의 기도
10-03

사랑의 하나님 아버지 가을비가 촉촉이 대지를 적시니 어느덧 가을 산하에 단풍잎이 아름답게 수를 놓았습니다.

낙엽을 바라보니 모르게 허전함과 인생 무상함이 느껴습니다.

감사하신 하나님 아버지

날마다 저희들에게 새날을 허락하시고 은혜의 보좌 앞에 나아와 예배드리게 하시니 감사합니다.

저희들의 내면의 세계가 더럽고 추하고 냄새나고 죄악의 구더기가 붙어있어 죄악이 너무나 많습니다.

하나님 아버지, 이 시간 마음으로 눈으로 손으로 행동으로 지은 모든죄를 사하여 주시옵소서.

말세지말에 믿는 자를 보겠느냐고 말씀하시듯이 수많은 사람들이 주님의 거룩하신 이름을 욕되게 하고 우리 주님을 십자가에 못을 박을 때가 많습니다. 공의를 행한다 하면서도 하나님의 뜻을 묻지 아니하고 자기 중심의 신앙으로 교회에 덕을 세우지 못하고 타락하여 제자가 되지 못함을 용서하여 주시옵소서.

하나님 아버지, 이시간 하나님의 사자 목사님 말씀하실 때 성령의 불이 저희들 심령속의 모든 잡초를 불사르게 하시고 성화되게 하시며 거듭나게 하시옵소서. 저희들 마음이 답답할 때 우리주님 찾아오셔서 위로하여 주시고 에바다의 역사가 영적인 귀가 열리게 하시고 저희들의 입술을 하나님의 은혜로 붙들어 주옵소서.

뭇사람을 섬기는 자가 되어 우리 교회의 지경이 넓혀지게 하시고 오직 하나님께 영광이 되게 하시옵소서. 예수님의 이름으로 기도합니다.

아멘!

10월의 기도
10-04

영광과 존귀를 영원히 받으시기에 합당하신 하나님 아버지
은혜를 감사합니다.

오늘 거룩한 안식일 복되고 즐거운 주님의 날에 주님의 백성들을
하나님의 교회로 불러주시고 예배드리게 하여 주셔서 감사합니다.

한 주간도 언행심사 잘못된 것 많았사오니 정한 우슬초로 깨끗이
씻어주시옵소서.

사랑의 하나님 아버지!

지난 주 하나님의 부르심을 받아 천국에 입성한 성도님이 주님의
품안에서 안식하실 줄 믿습니다. 유족들에게 위로와 생명의 역사가
일어나게 하시고 가정의 완전한 복음화가 이루어지게 하시옵소서.

또한 오랫동안 기도하며 준비하여 창업을 한 가정 위에도 하나님
이 축복하시사 시작은 미약하나 나중은 심히 창대케 되리라는 말
씀의 역사가 이루어져 큰 기업체로 성장하게 하시옵소서. 감사하신

하나님 아버지, 대입 수능을 앞두고 있는 동부교회에 속한 모든 학생들에게 지혜와 명철함을 허락하여 주옵소서.

그들이 배우고 자라면서 세속에 물질에 동화되지 않게 하시고 더 높은 이상과 꿈으로 백절불굴의 정신으로 주어진 특기와 재능으로 세계를 정복하게 하시옵소서.

그리하여 끝까지 최선을 다하여 그들이 원하는 대학교에 입학하게 하시옵소서.

좋으신 하나님 아버지, 바야흐로 결실의 계절입니다. 우리 동부교회에 속한 권속들이 잃어버린 영혼을 다시 찾는 공동체가 되게 하시옵소서.

영혼에 대한 깊은 관심으로 장기적으로 쉬고 있는 형제들에게 안부하며 위로와 격려를 하며을 기도하게 하시옵소서.

자비의 하나님 아버지, 믿음생활의 열정이 식었다면 기도와 예배로 회복하게 하여 주옵소서.

은혜의 하나님 아버지

이 시간 주님의 사자 목사님 말씀하실 때 사람의 말이 아닌 하나님 말씀으로 듣게 하시고 우리가 이 땅에서 매일 매순간 순례의 길을 갈 때 주님의 사랑과 은혜로 심령에 복을 누리게 하시고 감격과 기쁨으로 성령충만하게 하시옵소서. 우리 구주 예수님의 이름으로 감사하며 기도하옵나이다.

아멘!

10월의 기도
10-05

할렐루야 영광과 존귀와 찬송을 영원히 받으시기에 합당하신 하나님 아버지 은혜를 감사합니다.

한 주간도 언행심사 잘못한 것 많았사오니 용서하여 주시고 죄사함을 받게 하시옵소서.

좋으신 하나님 아버지!

10월 한 달 목회일정을 1025새생명축제에 맞추고 주님이 주신 지상명령인 "너희는 가서 모든 족속으로 제자를 삼아 아버지와 아들의 이이름으로 세례를 주라" 하신 말씀을 기억하며 날마다 시간마다 영혼구원이 생명줄을 던져 한 영혼 구원에 최선을 다하게 하시옵소서.

사랑의 하나님 아버지!

우리 교회는 하나님을 만나는 장소요 영성의 훈련장이요 거룩한 성령님 임재가 있는 곳입니다. 또한 성도들이 하나님께 예배를 드리는 거룩한 성전입니다.

오늘 이 시간 처음 나오신 분들을 축복하사 하나님이 주신 창조의 질서를 배우고 세미한 하나님의 음성을 들을 수 있도록 인도해 주시옵소서.

사랑의 하나님 아버지!

우리 교회부흥을 위하여, 조국의 안녕과 번영을 위해, 이 민족의 평화와 통일을 위해 눈물로 기도하는 산실이 되게 하시옵소서.

새벽마다 간구하는 성도들을 기억하여 주시고 우리 민족을 지키시고 보호하시며 인도하시오니 감사합니다.

자비의 하나님 아버지!

성도간의 대화 속에서도 상대방을 행복하게 해주는 말 한마디를 통해 교회가 포근한 아버지의 품안이 되게 하시옵소서.

이 시간 하나님의 사자 목사님 말씀하실 때 영적인 기근에 있는 곤비한 심령들의 마음속에 성령님의 임재가 있게 하시고 영적인 체험이 있게 하시옵소서.

우리 교회가 서로가 존중하며 사랑하며 세워주는 교회, 섬기며 봉사하며 나는 죽고 예수로만 사는 이 시대에 하나님이 찾으시는 교회가 되게 하시옵소서.

좋으신 하나님 아버지!

하나님이 창조하신 장엄한 대자연의 위대함을 찬양합니다. 고운 단풍잎과 황금빛 들녘에 고개숙인 알곡들을 바라보며 겸손의 미덕을 대자연속에서 배우게 하시고 감사하게 하시옵소서.

우리구주 예수님의 이름으로 기도하옵나이다.

아멘!

좋으신 하나님 아버지 저희들을 위하여 십자가 위에서 거룩한 피 흘려 주시고 생명의 말씀으로 저희들의 죄를 사하여 주시니 감사합니다.

이 시간 통회하고 회개하는 마음으로 성찬예식에 동참하여 하시옵소서.

죄의 길에서 방황할 때에 저희를 부르시어 주님의 은혜의 보좌 앞에 나아가 예배드리게 예수님의 희생을 기념하며 떡과 잔을 받게 하셔서 감사합니다.

감사하신 하나님 아버지, 그 옛날 다윗이 대적에게 쫓기며 절체절명의 순간에 사무엘이 영성으로 가르쳤던 라마나욧으로 가서 통회하고 자복하여 속죄의 은총을 입었듯이 오늘 예배를 통해서 감격을 체험하게 하시옵소서.

주님의 보좌 앞에 누구나 나서 상한 마음 위로받게 하시고 찢긴 마음 치료를 받게 하시옵소서. 교만한 마음이 겸손해지며 불순종이 순종으로, 부정적인 마음이 긍정적인 마음으로 새롭게 거듭나는 라마나욧의 예배가 되게 하시옵소서.

사랑의 하나님 아버지, 성령의 강림을 체험하는 역사가 일어나게 하시옵소서.

은혜로우신 하나님 아버지, 남은 2개월 동안 전심으로 기도하며 섬기며 전도하여 천국창고의 알곡들이 다 되게 하시옵소서.

수능시험을 보는 오 명의 학생들에게 지혜와 명철을 주시고 그동안 공부한 것들이 잘 기억나게 하시고 평소보다 더 좋은 성적으로 원하는 대학교에 입학하게 하시옵소서.

고입선발고사를 준비하는 학생들에게도 하나님이 주신 은혜로써 전원 성적이 올라가게 하시고 안전하게 원하는 고등학교에 입학하게 하시옵소서.

감사하신 하나님 아버지, 동부교회 공동체의 모든 청지기들을 기억하시고 골로새서 1장 7절에 말씀처럼 그리스도의 신실한 일꾼들이 되게 하옵소서.

무엇이든지 주님이 주신 일이라면 순종하며 죽도록 충성하여 생명의 면류관을 받는 그리스도의 진실하고 성실한 일꾼이 되게 하옵소서.

이 시간 목사님께서 말씀전하실 때 하나님이 주신 권세로 역사하여 주시고 말씀의 불 세례기 강하게 임하게 하시옵소서. 길이요 진리요 생명이 되신 우리 구주 예수님의 이름으로 기도하옵나이다.

아멘!

10월의 기도
10-07

사랑과 은혜가 풍성하신 하나님 아버지 은혜를 감사합니다.

하나님의 은혜로 풍성한 결실의 계절을 맞이하여 감사와 경배를 드립니다.

농촌 들녘에 알알이 영글어가는 곡식들을 바라봅니다. 여름내내 결실의 큰 기대를 가슴에 품고 근면하고 성실하게 땀흘려 일하신 일꾼들처럼 우리 모두 다 영적인 추수꾼들이 다 되어지게 하시옵소서.

사랑의 하나님 아버지, 동부교회 포도원에서 좋은 열매를 거두게 하라고 결실이 단단한 일꾼이 다들 되게 하시옵소서. 전도하는 교회가 주님의 지상명령인 땅 끝까지 복음 전하는 일꾼들이 되게 하시옵소서. 남은 3개월 동안 최선을 다하여 배가하는 역사가 일어나게 하옵소서.

오늘 말씀을 통하여 저희들의 내면세계와 영적인 질서속에 속사람이 거듭나게 하시고 한 사람 한 사람 알찬 알곡이 되게 하시옵소서.

사람은 무엇이든지 심는 대로 거둔다고 하였습니다.

좋은 뜻으로 심게 하시고 좋은 말로 좋은 행동으로 심어서 승리하게 하시옵소서.

10월 목회일정을 주관하여 주시고 오늘 예배를 통해서 '와보라, 오라' 하시는 하나님의 초청에 응답하게 하옵소서.

길 잃어버린 양이 목자의 부르짖는 소리를 듣게 하시고 죄인을 영원한 천국으로 인도하시는 주님의 간절한 음성을 듣는 시간이 되게 하시옵소서.

오늘 예배를 드릴 때 세상의 모든 문제를 가지고 왔습니다.

직업의 문제, 가정의 문제, 직장의 문제, 사업의 문제, 자녀의 문제, 건강의 문제, 무거운 모든 문제가 하나님의 말씀으로 치료되고 회복되게 하시옵소서.

한 주간도 알게 모르게 헌신하신 하나님의 일꾼들에게 성령충만, 은혜충만, 말씀충만하게 하시옵소서. 존귀하신 우리 구주 예수님의 이름으로 감사하며 기도하옵나이다.

아멘!

11월의 편지

주여 창가에 찬서리가 끼어 희미하게 보입니다.
겨울의 입동이 지나 찬바람에 한기가 느껴져 옵니다.
산과 들녘에 풀은 마르고 겨울의 해는 금방 집니다.
관상수 나뭇잎만 더욱더 청청하게 보이고
고독까지도 벌거벗은 누드나무들
애잔한 마음에 자연의 순리에 하나님 함께하심을
저희들이 미처 깨닫지 못했습니다.
환난과 고난속에서도 다 떨어지고
더 단단한 하나님이 주신 은혜인 것을 미처 깨닫지 못했습니다.
풀은 마르고 수풀은 우거진 곳에 세미한 주님의 음성이
저들 가운데 심령 속에서도 들리는 듯 합니다.
공중에 날아든 새 한 마리도 먹이시고 보살피시는
참 좋은 하나님의 넓고 깊은
그 자비의 사랑이 천지를 창조하신
우리 하나님의 선물이라는 것을 미처 깨닫지 못했습니다.

11월의 기도

한 주간도 나그네 인생길을 살아가는 동안 말로 할 수 없는 황량한 광야에 홀로 서서 세상의 근심, 걱정, 번민, 고통, 우환, 질고 속에서 믿음의 거장들의 신앙을 돌이켜봅니다.

야곱은 절체절명의 위기속에서 하나님께 축복해달라고 기도하면서 제단을 쌓고 십일조 드리겠다 약속의 예배를 드렸지만 그리고는 잊어버렸습니다.

오늘 예배를 통하여 아직도 저희들이 야곱의 신앙생활을 하고 있는지 통찰의 시간, 회심의 시간이 되게 하시옵소서.

사랑의 하나님 아버지, 우리 동부공동체는 사람을 살리고 세우는 교회가 되게 하시옵소서.

그리하여 신령한 교회와 성장과 부흥, 건강한 교회가 되게 하시고 이 시대에 민족정신 개조와 그리스도의 다음 세대를 준비하는 공동체가 되게 하시옵소서.

자비의 하나님 아버지, 저희들을 통하여 새벽을 깨우게 하시옵소서.

날마다 은혜의 보좌로 담대하게 나아가게 하시옵소서.

"너희가 내 안에 거하라 네 말이 너희 안에 거하면 무엇이든지 원하는 대로 구하라 그리하면 이루리라"(요15:7) 말씀처럼 기도하므로 교회부흥과 가정의 행복, 범사에 감사함으로 하나님께 영광을 돌리게 하시옵소서.

요셉이 우물에 빠져 좌우가 막혀있을 때도 하늘이 열려있었던 것처럼 전심으로 기도할 때 기적이 일어나게 하시옵소서.

은혜로우신 하나님 아버지, 다음주는 추수감사주일로 지킵니다.

저희들을 일 년 동안 먹이시고 입히신 주님 감사합니다. 교회와 가족과 민족과 국가를 주심을 감사합니다. 감사하다는 것은 은혜를 아는 것입니다. 감사가 많다는 것은 은혜의 문이 열리는 것입니다.

우리 모두 정성껏 준비하여 감사를 드리게 하시옵소서.

존귀하신 우리 구주 예수님의 이름으로 감사하며 기도하옵나이다.

아멘!

11월의 기도

태초에 하나님이 천지를 창조하시고 사람들에게 정복하고 다스리라는 특권을 주심을 하나님 아버지 감사합니다.

추수의 계절을 맞이하여 농민들의 구슬땀으로 곡식이 잘 영글어서 알곡으로 거두어주신 하나님 아버지 감사합니다.

온 산천과 들녘에서 아름다운 가을 단풍에 옷맵시가 불타는 석양 저녁노을 울긋불긋 가을의 들녘이 어찌 그리 아름다운지요.

하나님의 솜씨는 너무나 위대하고 고우며 지으신 자연의 세계는 저희들의 축복입니다.

사랑의 하나님 아버지, 오늘 거룩하신 성일을 맞이하여 하나님 은혜의 보좌로 나오게 하시고 영혼의 양식, 만나를 주시오니 감사합니다.

우리 동부교회 공동체가 함께 가기 위해서 마음으로 하나되게 하시고 하나님의 뜻을 든든히 세워가시오니 감사합니다. 주님의 사랑

214

으로 서로간 존중하며 세워주며 말씀사역으로 한마음을 품게 하시오니 감사합니다. 부족함이 있더라도 채워주는 공동체가 되게 하시니 감사합니다.

바울은 브리스길라와 아굴라는 자신을 위해 목숨이라도 내어주었을 것이라고 하였습니다. 이처럼 믿음의 어머니들이 동부공동체에 있게 하시니 감사합니다. 이 시간 하나님의 사자 목사님 말씀을 대언하실 때 영적인 에너지가 채워지게 하시고 영적인 탈진으로 목마르지 않게 은혜의 강수로 생명의 강가로 인도하여 주시옵소서. 그리하여 마음으로 하나되고 서로가 존중하며 사랑으로 보호하고 복음 선교를 위해 한마음을 품게 하시옵소서. 오늘 예배를 통해서 하나님의 음성을 들으며 하나님의 극진하신 사랑과능력을 체험하며 축복의 통로가 되어 하늘 나라 시민으로서 순례자의 길을 갈 때 말씀의 생명으로 순결한 신부가 되게 하시옵소서.

감사하신 하나님 아버지, 오늘 성찬식을 드리고자 합니다.

사죄의 은총을 저희들에게 주심을 감사합니다. 예수 그리스도의 피로 원죄와 자범죄를 사하시오니 그 은혜 감사합니다. 주님의 거룩한 피로 성결의 능력을 허락하시오니 감사합니다.

저희들이 매일매일 자기성찰을 하며 거룩한 성품으로 주님을 닮아가게 하시옵소서.

감사하며 예수님의 이름으로 기도하옵나이다.

아멘!

11월의 기도
11-03

할렐루야 좋으신 하나님 아버지 은혜를 감사합니다. 한 주간도 저희들이 삶속에서 언행심사 잘못된 것 많았사오니 용서하여주시옵소서.

이시간도 저희들이 드리는 예배가 가장 존귀한 예배, 사모하는 예배, 하나님의 임재를 체험하며 성령님이 인도하시는 예배가 되게 하시옵소서.

사랑의 하나님 아버지, 저희들이 육체는 약하고 그 영화도 쇠하여지지만 하나님의 거룩하신 말씀은 영원하며 누구든지 믿고 영접하기만 하면 구원을 주시오니 감사합니다.

사랑의 하나님 아버지, 오늘은 새생명축제 선포식, 간증집회 예배를 드리고자 합니다.

한 영혼의 구원의 소중함과 천하를 다주어도 바꿀 수 없는 존귀한 생명 천국잔치를 준비하고자 합니다. 강사 이병우 집사님이 말씀을 전하실 때 전국 모든 교회가 전도대부흥과 영혼구원의 역사가 있게 하시옵소서.

자비의 하나님 아버지, 경주에서 원치 않는 지진으로 여진이 계속되고 있습니다.

불안한 우리나라 이 민족을 긍휼히 여겨주시고 보호하여 주시고 안전하게 지켜주시옵소서.

그리하여 우리나라 대한민국이 하나님을 경외하게 하시고 하나님이 다스리는 민족이 되게 하시옵소서. 역사의 주관자이신 하나님 아버지, 북한의 핵으로 미사일로 인하여 남북이 한치 앞도 예측할 수 없는 위기상황에 있습니다. 사드배치 문제로 국론이 분열이 되지 않게 하시고 국가 안보와 국민의 생명과 재산을 지키며 우리의 국토를 보호하며 불미스러운 일이 일어나지 않도록 지켜주옵소서.

그리하여 우리 민족이 대동단결하여 위기를 극복하게 하시옵소서.

은혜로우신 하나님 아버지, 우리 동부공동체 병중에 있는 성도가 있습니다. 빠른 쾌유가 있게 하시옵소서. 말씀과 기도로 흔적도 없이 완전하게 치유되게 하시옵소서.

주님의 거룩하신 보혈의 피로 완치되는 능력이 일어나게 하시옵소서.

길이요 진리요 생명이 되신 예수님의 이름으로 기도하옵나이다.

아멘!

11월의 기도
11-04

할렐루야 영광과 존귀를 영원히 받기에 합당하신 하나님 아버지 은혜를 감사합니다.

상한 마음을 찾으시고 애통해 하는 마음을 찾으시는 하나님 아버지, 거친 세상에서 실패할지라도 애통하며 십자가 앞에서 예배드릴 때 인생의 여정 속에서 은혜를 주시오니 감사합니다.

오늘의 예배가 우리들의 일생 일대의 최상의 예배가 되게 하시고 성령님의 내재함이 있게 하시옵소서. 오늘은 추수감사절 예배로 드리고자 합니다. 하나님이 기뻐하시는 향기로운 제물이 되게 하시옵소서. 일 년 동안 우리 교회와 교우들을 지켜주시오니 감사합니다. 저희들 날마다 감사의 눈으로 감사하는 마음으로 감사의 행동으로 섬기고 충성하는 청지기들이 다 되게 하시옵소서. 사랑의 하나님 아버지, 비록 우리가 농사를 짓지 아니할지라도 농촌에서 구슬땀을 흘리고 일을 하시는 농민들의 손길을 통해서 넓은 들에 황금곡식이 영글어 추수하게 된 것을 감사하며 이른비와 늦은비를 그리고 적절하게 일조량을 주신 하나님께 감사를 드립니다. 자비의 하나님 아버지, 주님 말씀에 우리 모두 충성하게 하시고 명년도의 새일을 행하며 주님의 일이라면 내가 여기 있사오니 나를 보내소서. 고백하며 나의 몸, 나의 심령 모두다 하나님께 헌신하는 성도들이 다 되게 하시옵소서. 마음의 경영은 사람에게 있어도 말의 응답은 여호와께 있다고 했습니다. 온 성도님이 결단하는 마음으로 섬기게 하시옵소서.

평강의 하나님 아버지, 우리 교회는 기도의 일꾼이 필요합니다. 기도는 교회의 부흥의 엔진입니다. 새벽마다 기도의 향기가 은혜의 보좌 앞에 상달되게 하시고 새해를 준비하며 한마음이 되어 원주도성에 동부교회의 지경이 넓혀지게 하시옵소서.

존귀하신 예수님의 이름으로 기도하옵나이다.

아멘!

11월의 기도

우주만물의 주인이 되시는 하나님 아버지 은혜를 감사합니다.

산과 들녘에는 나무들이 옷을 벗어버리고 앙상한 나뭇가지에서 하나 둘 떨어지는 낙엽을 바라보며 세월의 무상함이 느껴집니다.

감사하신 하나님 아버지, 들녘을 걷다보면 자연을 다스리며 자라게 하시고 먹이시는 위대한 창조의 질서를 깨닫게 됩니다.

들녘에 핀 꽃들과 산중턱 그리고 높은 고산지대에 피는 꽃들까지 그리고 풀도 각기 색깔이 다름을 보며 하나님의 놀라운 솜씨를 찬양합니다. 봄에 피는 꽃이 있는가 하면 여름에 피는 꽃과 가을에 피는 청아하고 아름다운 꽃을 보며 하나님께 감사를 드립니다. 서리 맞은 들국화 그리고 노란 국화 비바람이 지나갈 때 그 향기가 산중 들녘에 코끝을 스치게 합니다.

사랑의 하나님 아버지, 하나님은 위대하시고 참으로 저희들의 목자가 되심을 감사합니다. 허물 많고 완악한 저희들 뿐만 아니라 그리고 이세상 많은 사람들을 공정하게 먹이시고 입히시고 번성하게 하시고 서로가 공존할 수 있는 터전을 주시니 감사합니다.

사랑의 하나님 아버지, 우리 주님께서 너희는 가서 모든 족속으로 제자를 삼아 아버지와 아들의 이름으로 세례를 주고 땅끝까지 복음을 전하라 하셨습니다. 날마다 복음 전도하는데 직무 유기하지 않도록 있는 처소에서 듣던지 아니듣던지 사명을 감당하게 하시옵소서.

존귀하신 하나님 아버지, 새생명축제를 통하여서 새로 등록한 분들이 잘 정착할 수 있도록 우리 하나님 아버지께서 인도하여 주시고 각 사람을 인격적으로 만나 주시옵소서. 자비의 하나님 아버지, 사정이 있어서 장기적으로 쉬고 있는 성도들 그리고 병원에 입원한 성도님들을 찾아가 주셔서 주님의 창조의 손으로 고치시고 만지시고 완전하게 치유되게 하옵소서.

이 시간 하나님의 사자 목사님께서 말씀하실 때 저희들의 일상생활 모든 면에서 감사가 있게 하시고 주님이 부르실 때 오직 하나님께만 영광이 되게 하시옵소서.

하나님의 말씀이 저희들에게 평화와 영혼의 안식처가 되게 하시옵소서.

예수님의 이름으로 기도하옵나이다.

아멘!

11월의 기도
11-06

할렐루야 인애하신 하나님 아버지 은혜를 감사합니다.

알파와 오메가가 되시고 처음과 나중이 되시는 영원하신 하나님 아버지 찬송과 영광과 존귀를 이 시간 하나님의 성전에서 온 성도들과 함께 올려드립니다.

하나님의 임재가 있는 예배, 은혜의 강수가 쏟아지는 예배, 성령의 감동과 감화가 있는 예배, 마음과 뜻과 정성으로 드리는 예배가 되게 하옵소서.

사랑의 하나님 아버지 오늘 이 시간 처음으로 나오신 분 그리고 중도에 쉬었다가 나오신 분, 세파에 시달려 불안한 심령, 상처받은 심령으로 나오신 분도 있습니다.

먼저 믿음이 회복되는 역사가 있게 하시옵소서.

그리하여 하나님의 말씀에 나를 비추어보고 사탄의 유혹에서 죄악의 사슬에서 해방되는 감격을 누리게 하옵소서.

"수고하고 무거운 짐진 자들아 다 내게로 오라 내가 너희를 편히 쉬게 하리라"고 하신 주님의 사랑의 음성을 들을 수 있도록 귀가 열리게 하시옵소서.

은혜의 하나님 아버지, 기도가 회복되게 하시옵소서. 기도는 하나님과의 대화이며 막힌 영성이 뚫어지게는 통로임을 믿습니다. 은혜의 보좌 앞에 나아가서 하나님과 교제함으로 우리의 나그네길에 날마다 하나님과 동행함으로 감사가 있게 하시옵소서.

존귀하신 하나님 아버지, 예배가 회복되는 역사가 있게 하시옵소서.

하나님 앞에 온전한 시간을 드리게 하시고 하나님 말씀을 경청하며 저희들의 내면 세계의 토양작업을 하여 인생의 쓴뿌리를 제거하며 하나님의 거룩한 생명의 말씀에 씨앗을 심게 하소서. 불타는 사명감으로 충성을 다하게 하시옵소서.

자비의 하나님 아버지, 이 시간 환우에게 함께하셔서 다리에 힘을 주시사 걸을 수 있게 하시옵소서.

깨끗이 완치되는 기적의 역사가 있게 하시옵소서.

사랑의 하나님 아버지, 이 시간 하나님 말씀을 받고자 합니다.

저희들의 영의 양식 만나를 주실 주님의 사자 목사님께 영력을 더하여 주시고 그 말씀에 온 회중이 아멘 아멘으로 화답하게 하시옵소서.

길이요 진리요 생명이신 예수님의 이름으로 기도하옵나이다.

아멘!

사랑과 은혜가 풍성하신 하나님 아버지 감사합니다.

거룩한 성일에 은혜의 보좌 앞에 나아와 신령과 진정으로 하나님께 예배를 드리게 하시옵소서.

저희들이 세상에서 잘못한 것 많사오니 죄사함을 받게 하시옵소서.

거룩하신 하나님 아버지! 우리 대한민국 우리의 조국이 기도로 다시 한번 세워지게 하시옵소서. 먼저 이 나라의 위정자들이 하나님 앞에 기도하므로 정직과 신뢰, 성실로 하나님이 기뻐하시는 낮은 자세로 하나님을 믿고 국민을 섬기게 하시옵소서.

존귀하신 하나님 아버지! 우리 교회도 기도로 세워지는 교회, 믿음으로 세워져가는 교회, 진리의 말씀으로 든든하게 세워져가는 교회되게 하시옵소서.

그리하여 전도의 문이 열려 부흥케 하사 지경이 넓혀지게 하시옵소서. 온 성도들이 한마음으로 주 오실 때까지 성령님의 임재와 말씀의 은혜로 충만하게 하시옵소서.

감사하신 하나님 아버지! 이 시간 저희들의 심령속에 찾아오셔서 침묵하는 영혼을 깨우시고 흘러가는 인생이 아니라 주님의 제자로서 사명감을 가지고 살아가게 하시옵소서.

거짓된 나를 부수고 위선의 가면을 벗게 하시옵소서.

은혜의 하나님 아버지! 저희들을 욕망이 끝이 없으며 그 욕망을 그 무엇으로 채울 수도 없고 충족할 수도 없습니다.

무한경쟁 속에서 부자든 가난한 자든 강자든 약자든 소위 탐욕은 영원한 행복이 될 수 없음을 깨닫게 하시옵소서.

역사의 하나님 아버지, 지금 이 나라의 국정이 표류하고 있습니다. 잘못된 것은 회개하게 하시고 정치인들이 당리당략으로 혼돈된 전국을 만들지 않게 하시고 책임정치, 양보하는 정치, 도의 정치, 국민과 민족 앞에 희망을 주는 정치, 선진정치와 협치정치로 하나님이 다스리는 이 나라가 되게 하시옵소서.

사랑의 하나님 아버지 이 나라를 도와주시옵소서.

에바다의 하나님 아버지! 막힌 정국이 열리게 하시고 이 나라 경제가 열리게 하시고 취업의 문이 열리게 하시고 불치병에서 완치되는 건강이 회복되는 문이 열리게 하시옵소서.

추수의 계절 오곡백과 그리고 일용할 양식, 채소와 과일 년년마다 풍성하게 허락해 주신 하나님께 감사를 드리며 예수님의 이름으로 기도합니다.

아멘!

12월의 편지

주여, 하얀 눈이 내립니다. 그리고 싸늘한 찬바람이 불어 옵니다.

대지와 산과 들 그리고 나뭇가지에도 하얀 솜털 이불을 덮어 줍니다.

그 옛날 나사렛 동네에 말 구유에서 하나님의 아들 예수 그리스도가

이 땅에 성육신하셨습니다.

인류의 원죄와 자범죄를 사하시기 위해 십자가 고통, 수치,

무거운 죄악의 짐 중보자로 오신 우리 주님

그 사랑 너무 감사합니다.

성탄의 기쁜 종소리에 평화의 왕으로 오신

우리 예수님 구원의 사랑이 온 누리에 퍼집니다.

화이트 크리스마스 메리 크리스마스 연인들의 손을 잡고

불신자들도 함께 성탄을 축하하며 기뻐합니다.

주여 어디로 가십니까?

영광의 십자가 아닌 고난의 십자가 음부의 세계로

주님의 영원한 사랑 인류의 죄를 지시기 위해

평화의 왕으로 만왕의 왕으로 이 땅에 오셨네.

12월의 기도
12-01

좋으신 하나님 아버지 은혜를 감사합니다.

대림절 성탄절을 앞두고 다시 오실 주님을 사모하는 이 땅의 모든 그리스도인이 고대하고 있습니다. 사랑의 하나님 아버지, 이 땅의 혼탁한 정치와 국정이 정상적으로 가지 못하고 참으로 안타까운 상황에 처해 있습니다. 정치적 암흑기에 하나님이 역사하셔서 반만년 역사의 유구한 우리 대한민국이 이 총체적 위기를 잘 극복하여 오히려 선진 정치의 기회를 삼을 수 있도록 인도하여 주시옵소서.

다사다난했던 2016년도 저물어가고 있습니다.

한 해 동안 우리 교회를 이끌어주신 하나님께 감사를 드립니다.

함께 웃고 함께 울라는 주제표어로 시작한 지 엊그제 같은데 이제 또 한해를 보내야 하는 시점이 되었습니다. 존귀하신 하나님 아버지, 일 년 동안 교회를 섬긴 모든 청지기들에게 하나님이 주신 샬롬의 평화가 있게 하시옵소서. 감사하신 하나님 아버지, 2017년도는 우리 동부교회가 하나님의 말씀으로 더욱 굳게 세워지게 하시고 샬롬의 평화가 이 땅 가운데에서 이루어지게 하시옵소서. 분열이 있는 곳에 일치를 주시고 절망이 있는 곳에 희망이 솟아나게 하시고 부정적시각이 긍정의 시각으로 전진하게 하옵소서.

우리 한국교회가 다시한번 잘못된 것 회개하여 혼탁한 이 사회가 하나님의 말씀으로 정화되게 하옵소서.

존귀하신 하나님 아버지, 한국교회가 기업처럼 방대하여 하나님은 안계시고 사람만 있으면 아무 소용이 없습니다. 더 낮은 자세로 나아가는 당회와 총회, 노회가 되게 하옵소서. 서로가 용서하고 존중하며 교회에 가면 예수님이 계시다는 것을 목도하고 체험하여 부흥하는 우리나라 우리교회되게 하시옵소서.

예수님의 이름으로 기도하옵나이다.

아멘!

12월의 기도
12-02

"지극히 높은 곳에서는 하나님께 영광이요 땅에서는 기뻐하시는 사람들 중에 평화로다"

할렐루야! 존귀하신 하나님 아버지, 은혜를 감사합니다.

이천 년 전 유대땅 베들레헴에 낮고 낮은 모습으로 오신 예수님 감사합니다.

사랑의 하나님 아버지 우리나라 국토방위를 위해 수고하시는 육해공군 장병들과 바다와 영해를 지키며 어장과 어민의 재산을 보호하는 해양경찰관, 사회질서와 국민의 재산을 보호하는 경찰관, 소방대원 그리고 24시간 수출의 선봉에서 땀흘려 일하는 노동자들 모두 다 하나님이 주신 평화가 있게 하시옵소서.

은혜로우신 하나님 아버지, 일 년 동안 교회를 섬기고 주님의 종으로 헌신할 때 저희들의 성격과 감정, 자존감, 이기심, 갈등이 다 죽어지게 하시옵소서.

사도 바울도 날마다 나를 쳐 복종시킨다 하였습니다.

그리하여 하나님의 성전에 야긴과 보아스처럼 성전의 기둥이 다 되게 하시옵소서.

말씀에 순종하여 충성된 청지기들이 되어서 한 알의 밀알이 되게 하시옵소서.

오늘 우리 교회에서는 유아세례식을 합니다. 어린 생명들의 건강을 지켜주시고 지혜와 총명을 주셔서 다음 세대에 주님이 쓰시는 믿음의 종들이 되게 하시옵소서.

이들을 사랑으로 양육하는 부모들에게 영성이 있게 하시고 하나님의 말씀과 기도로 믿음의 교육을 잘 감당하게 하시옵소서.

만왕의 왕이 되시고 평화의 왕으로 오신 예수님을 찬양합니다.

우리 구주 예수님의 이름으로 감사하오며 기도하옵나이다.

아멘!

12월의 기도
12-03

할렐루야! 영광과 존귀와 찬송을 받으시기에 합당하신 하나님 아버지

은혜를 감사합니다.

'십자가 복음을 체험하는 해'라는 주제 표어를 가정과 한 해 동안 직장에서 최선을 다해서 실천하였는지 돌아봅니다. 저희의 삶이 믿는 자에게 본이 되며 복음 전파를 통해 영혼을 구원하고 신령과 진정으로 예배를 드렸는지 돌아보게 하옵소서. 진정으로 하나님이 찾으시는 저희들이 되게 하시옵소서.

좋으신 하나님 아버지, 한해를 시작한 지 엊그제 같은데 벌써 세모의 달을 맞이하였습니다.

사랑의 하나님 아버지, 저희들 한 해 동안 신앙의 결산을 하며 다시한번 심기일전하여 새로운 비전과 도전으로 동부의 지경이 넓혀지게 하옵소서. 심령의 부흥과 열정이 일어나게 하시옵소서.

시간을 잘 활용하여 세상에서 흑자인생을 살았는지 아니면 시간을 낭비하며 적자인생을 살았는지 다시 한번 점검하게 하시고 기도로 내공이 다져지는 세모의 달이 되게 하시옵소서.

능력의 하나님 아버지 교회의 부흥에 목말라 하시고 간절한 마음, 절박한 마음으로 새벽을 깨우게 하시고 날마다 성령님의 인도하심이 있게 하시옵소서.

자비의 하나님 아버지, 동부공동체 온 성도님들이 긍정의 사람으로 공동체를 세우고 겸손하게 낮은 자세로 섬기는 주님을 닮아가는 심령이 되게 하시옵소서.

은혜로우신 하나님 아버, 12월15일 새생명축제를 한 사람이 한 생명을 출산하게 하시고 장기적으로 쉬고 있는 교우들이 다시 한번 주님의 음성을 듣게 하시고 천국잔치에 참여하게 하시옵소서.

이 시간 목사님이 〈나와같이 되기를 원하나이다〉라는 제목으로 말씀전하실 때 하나님의 음성으로 듣게 하시고 온 회중이 아멘 아멘 화답하게 하시옵소서. 우리 구주 예수님의 이름을 기도합니다.

아멘!

12월의 기도
12-04

할렐루야! 찬송과 영광을 받으시기 합당하신 하나님 아버지 은혜를 감사합니다.

오늘 우리 동부교회 유치부, 아동부, 청소년부, 청년부, 교사들 모두가 하나님께 경배와 찬양과 율동, 성극으로 아기 예수님 오심을 환영합니다.

"이는 한 아기가 우리에게 났고 한 아들을 우리에게 주신 바 되었는데 그의 어깨는 정사를 메었고 그의 이름은 기묘자라 모사라 전능하신 하나님이라 평강의 왕이라"

좋으신 하나님 아버지, 이 땅에 하나님이 주신 평화가 있게 하시옵소서.

민족이 민족을 대적하고 나라와 나라 분쟁이 끊이지 않고 도처에 기근과 질병 그리고 이기주의가 세계의 평화를 위협하고 있습니다.

평화의 왕으로 오신 예수님 이 민족에게 평화를 주시고 이민족에

통일을 주셔서 저 북한에 자유민주주의 시장 경제가 이루어지며 인권유린 폭압정치에 억눌린 그곳에 자유와 평화의 하나님의 말씀이 전파되게 하시고 하나님의 나라가 회복되게 하시옵소서.

존귀하신 하나님 아버지, 이세상에서 오늘 예배가 우리의 일생일대의 가장 중요한 예배, 감사의 예배, 축복의 예배로 드리게 하시옵소서.

어제는 지나가는 시간이요 오늘은 다시 오지 않을 날입니다.

오늘 하루가 최고로 하나님께 드리는 예배시간이 되게 하시고 최선의 가치로 최고의 시간으로 경배드리게 하시옵소서.

능력의 하나님 아버지 저희들 마음속으로 오늘은 누구를 전도할까, 오늘은 누구와 하나님의 말씀을 나눌까 생각하면서 주님이 주신 사명 "너희는 가서 모든 족속으로 제자를 삼아 아버지와 아들의 이름으로 세례를 주라"고 하신 이 헌신을 지키며 행하게 하시옵소서.

감사의 하나님 아버지, 이 시간 성탄발표 준비로 수고하신 교사들에게 하나님의 은혜가 날마다 충만하게 하시옵소서.

이름 없이 빛도 없이 감사하며 섬기는 그 수고와 정성이 다음 세대를 이어가며 우리 동부교회의 공동체와 이 민족의 기둥을 세우시는데 필요한 믿음의 거장들이 자라나게 하시옵소서.

자비의 하나님 아버지, 이시간 하나님의 사자 목사님 〈구주가 나셨도다〉라는 제목으로 말씀하실 때 온 백성에게 미칠 큰 기쁨의 좋은 소식을 만 백성에게 전하게 하시옵소서.

하나님이 주신 평화와 평강의 복이 넘치게 하시옵소서.

길이요 진리요 생명이 되신 우리 구주 예수님의 이름으로 감사하며 기도드립니다.

아멘!

12월의 기도
12-05

할렐루야 참 좋으신 하나님 아버지 은혜를 감사합니다.

격동의 한해가 저물어 갑니다. 죄악 속에서 용서받을 수 없는 죄인을 사랑하시사 이땅에 오셔서 죄인된 저희들의 구원의 구주가 되심을 감사합니다.

감사하신 하나님 아버지, 영접하는 자 곧 그 이름을 믿는 자에게는 하나님의 자녀가 되는 권세를 주셨으니 감사합니다.

사랑의 하나님 아버지 이 광야같은세상에서 방황할 때 주님께서 찾아오셨으며 주님의 십자가 그늘 아래서 쉼을 얻고자 왔습니다.

"수고하고 무거운 짐진 자들아 다 내게 오라 내가 너희를 쉬게 하리라 너희는 마음에 근심하지 말라 하나님을 믿으니 또 나를 믿으라 네 아버지 집에 거할 곳이 많다"

위로의 하나님 아버지, 이 세상 환난 많은 광야 같은 인생길 병마와 싸우고 있는 우리 교우들을 기억하여 주시옵소서. 그리하여 주님의 십자가 보혈의 피로 깨끗이 치유되게 하시옵소서.

우리 위하여 고난당하신 주 예수님의 손길이 저희들을 감싸주시고 그 은혜 감격하여 그 사랑 감당 못하여 저희들이 사모하는 주님의 은혜의빛이 십자가 사랑이심을 깨닫게 하시옵소서.

저희들의 어두운 눈이 떠지게 하시고 말씀을 들을 수 있도록 귀가 열리게 하시옵소서.

자비의 하나님 아버지, 주님의 사자 목사님을 통해서 천국의 비밀을 배우게 하시고 날마다 말씀 듣고 배워 하나님이 쓰시는 그리스도의 군사들이 다 되게 하시옵소서.

존귀하신 하나님 아버지, 성령님께서 항상 우리 곁에 계시옵고 지혜의 깨달음을 주시사 저희들에게 필요한 능력을 주셔서 험악한 이 세상에서 하나님 나라와 그의 의를 구하게 하시옵소서.

성탄절을 맞이하여 하나님이 주신 평화가 이 지구촌에 임하게 하여 주시옵소서.

종교적 갈등이 없게 하시고 그것으로 반목하여 무수한 생명을 앗아가는 비극이 다시는 없게 하시옵소서. 모든 나라가 하나님이 다스리는 나라, 천년왕국 주님의 나라가 되게 하시옵소서.

자비의 하나님 아버지, 이 땅에 소외되고 약한 자 가난한 자들에게 평화의 왕되신 예수님을 만나게 하시고 위로와 용기를 주셔서 다시한번 도전할 수 있게 하시옵소서.

세모의 달을 맞이하여 '함께 기뻐하고 함께 울라'라는 주제 표어를 가지고 시작한지 엊그제 같은데 성탄절과 마지막 주일을 맞이합니다. 새해에는 말씀 앞에 사는 자로 시작하고자 합니다.

주님께서 인도하여 주시고 새해에는 항상 기뻐하며 예수님과 동행하며 우리 주님 손을 붙잡고 십자가 따라가게 하시옵소서.

예수님의 이름으로 기도하옵나이다.

아멘!

12월의 기도
12-06

만왕의 왕이 되시고 평화의 왕이 되시는 하나님 아버지 은혜를
감사합니다.

"지극히 높은 곳에서는 하나님께 영광이요 땅에서는 기뻐하시는
사람들중에 평화로다"

좋으신 하나님 아버지, 다사다난했던 2015년도 저물어가는 세모
의 달을 맞이하였습니다.

어느덧 한해의 신앙의 결산을 하는 달입니다.

올 한해 동안 주님 앞에서 결산할 때 칭찬 듣고 하늘의 상급 받을
수 있도록 최선을 다하게 하시옵소서. 사랑의 하나님 아버지, 우리
들의 시간과 물질, 건강 모두가 하나님께 잠시 위임받았다는 것을
깨닫게 하시옵소서. 내 것으로 착각하며 살지 않게 하옵소서.

저희들의 재능과 은사와 모든 것이 하나님께로부터 위탁받은 것
임을 망각하지 않게 하옵소서.

그러므로 모세는 기도하기를 "하나님 우리의 날 계수함을 가르치

사 지혜의 마음을 열게 하소서"라고 했습니다.

하나님 영광을 위해 충성을 다하게 하시옵소서. 저희들이 한해를 돌아 볼 때 세상의 모임에 방황하다가 주일을 범하였고 기도생활을 소홀히 하지 않았는지 회개하는 시간이 되게 하시옵소서.

존귀하신 하나님 아버지, 저희들에게 주신 물질도 거룩한 사업을 위해 쓰는 것은 낭비가 아니란 것을 알게 하시옵소서. 결산의 때 30배, 60배, 100배의 결실을 거두고 거룩한 축복의 씨앗이 될 것을 믿게 하시옵소서.

예수님의 머리에 옥합을 깨뜨렸던 여인처럼 거룩한 헌신은 낭비가 아니라 귀하게 쌓이는 하늘의 상급이라는 것을 알게 하시옵소서.

사랑의 하나님 아버지, 저희들이 금년도에 '나는 죽고 예수로만 살게 하시옵소서'란 주제로 시작하였지만 아직도 그 성격, 고집, 언어폭력의 옛 습관을 버리지 못하고 있습니다.

용서하여 주시고 더욱더 나를 쳐 복종하게 하시옵소서. 새해는 우리교회와 교우들 그리고 가정, 직장, 사업터에 하나님이 주신 평화와 기쁨이 충만하게 하시옵소서.

일 년 간 헌신적으로 섬기시는 모든 청지기들에게 성탄의 기쁨과 은총이 충만하게 하시옵소서.

길이요 진리요 생명이 되신 우리 구주 예수님의 이름으로 기도하옵나이다.

아멘!

12월의 기도
12-07

생명과 진리가 되시며 구원이 되신 주님 은혜를 감사합니다.

다사다난했던 경인년도 저물어가는 세모의 달을 맞이하였습니다. 하나님의 섭리와 인도 속에 우리 동부교회를 세워주시고 초대교회에 항존직을 세우시고 에벤에셀, 임마누엘 되시는 하나님께 감사를 드립니다. 사무엘은 미스바광장에서 이스라엘 백성을 모이게 하여 물을 길어 여호와 제단에 붓고 금식기도하며 블레셋과 싸워 승리하여 에벤에셀의 기념비를 세웠습니다. 사랑의 하나님 아버지, 오늘은 우리 교회의 역사적인 날입니다.

오늘은 초대교회처럼 믿음과 성령이 충만한 안수집사 5명과 권사 7명을 세우기 위한 투표를 하고자 합니다.

교회 항존직은 명예직이 아니라 주님의 십자가를 같이 지는 일입니다.

주님께서도 누구든지 나를 따르는 자는 자기를 부인하고 자기 십자가를 지고 나를 따르라 하였습니다. 사도 바울은 은혜를 깨닫기

242

전에는 할례받은 자 가말리엘 문하에서 엄격한 훈련을 받은 바리새인이었으나 하나님 은혜를 깨닫고 하나님 앞에 서보니 죄인 중의 괴수인 자신을 발견했습니다.

바울은 나의 나된 것은 하나님의 은혜라고 고백합니다. 오늘 예배를 통해서 모든 성도님들이 겸손히 섬김의 도를 실천하게 하시고 남을 나보다 낮게 여기게 하시옵소서. 사도 바울처럼 은혜를 체험한 후 헬라인이나 유대인이나 지혜있는 자나 어리석은 자에게 나는 빚진 자라는 고백은 할 수있게 하옵소서.

감사하신 하나님 아버지!

우리 동부교회가 부흥하게 하시옵소서. 빈자리를 채워주시고 하박국 선지자처럼 수일 내에 부흥되게 하시옵소서. 그러기 위하여 가족의 영혼을 살리는 구원의 역사가 있게 하시옵소서.

우리에게 어둠의 밤이 와도 내일의 아침의 밝은 빛을 기다리며 희망 가운데 소망 가운데 승리하는 온 성도님이 다 되게 하시옵소서.

자비의 하나님 아버지!

우리 교회의 지경을 넓혀주시고 주님의 손으로 인도하여 주시옵소서.

이 시간 목사님 말씀하실 때 하나님의 음성으로 듣게 하시고 영적 권세로서 역사하여 주시옵소서. 존귀하신 우리 구주 예수님의 이름으로 기도 하옵나이다.

아멘!

장례예배 영결예배
01

　87년 전에 이 땅에 ○○○ 권사님을 보내주시고 슬하에 2남3녀를 두시며 다복한 가정을 이끌어 오신 권사님이 하나님의 부르심을 받아 오늘 천국 환송예배를 드리고자 합니다. 사랑의 하나님 아버지, 고인이 되신 ○○○ 권사님의 영혼을 받아주시고 하나님의 자녀로서 천국의 시민으로 영원한 안식을 누리게 하시옵소서. 사람은 누구나 한 번 왔다가 가는 것이 정해진 길이고 우리는 나그네 인생이요 나그네는 언젠가 떠나야 할 운명입니다. 이제 하늘나라 본향으로 권사님을 부르셨사오니 주님의 은총 가운데 영생의 축복이 있게 하시옵소서. 33년 전 저희들이 원주시 일산동 다락방에서 시작된 사랑교회 2층에서 첫 예배를 드리며 사랑의 공동체를 이뤘습니다. 우리 권사님은 자녀들과 같이 예배를 드리며 하나님을 성심으로 섬기셨습니다. 자비하신 하나님 아버지, 1989년 동부교회를 개척하여 어려운 고비가 많았지만 끝까지 믿음의 경주를 하시다가 명

예 권사님으로 임직을 받고 온 자녀들과 함께 헌신과 충성을 다하였습니다. 이제 육신의 어머님은 흙으로 돌아가고 그 영혼은 하늘나라 천국백성이 되었습니다. 다시는 아픔과 고통과 슬픔이 없는 아름다운 곳, 형형색색의 꽃과 황금의 길로 ○○○권사님을 환송하고자 합니다. 어머님을 보내시고 애통해 하시는 유가족들의 눈물을 하나님의 말씀으로 닦아주시고 믿음의 유산을 잘 받들어 하나님의 충성스러운 일꾼들이 다 되게 하시옵소서. 좋으신 하나님 아버지, 하나님이 쓰시는 청지기들이 되게 하시고 온가족 서로 사랑하고 아껴주며 오직 하나님만 섬기시는 가정이 다 되게 하시옵소서. 감사하신 하나님 아버지, 이 시간 목사님께서 환송의 말씀을 하실 때 고인에 대한 명복의 말씀이 되게 하시고 유가족과 친지 그리고 조객들에게 위로의 말씀과 부활의 소망으로 인도하여 주시옵소서. 하늘문이 열리게 하시고 구원의 말씀의 영생수가 모든 심령 속에 임하게 하시옵소서. 우리 구주 예수님의 이름으로 기도하옵나이다.

아멘!

장례예배 영결예배
02

　우주만물을 창조하시고 다스리시며 인간의 생사화복을 주관하시는 하나님 아버지 이 시간 ○○○ 씨의 부음소식을 듣게 되었습니다. 오전까지도 아파트 노인정에서 서로가 농담도 하고 즐겁게 노시다가 오찬한다고 집으로 가신 후 유명을 달리하였으니 참으로 인생의 무상함을 깨닫게 됩니다. '헛되고 헛되니 모든 것이 헛되도다'라고 고백한 지혜의 왕 솔로몬의 고백이 실감이 납니다. 사랑의 하나님 아버지, 우리 인생은 내일을 모릅니다. 잠시 살다가 부르시면 가야 하는 것이 인생입니다. 이제 고인이 된 성도님의 명복을 비오며 천국으로 환송합니다. 그 영혼을 받아 주심을 감사하옵나이다. ○○○ 성도님은 평소에 하나님을 잘 믿고 섬기시다가 천수를 누리다가 부르심을 받았사오니 큰 복이요 유가족들에게도 위로가 될 것을 믿습니다. 후손들에게 이 세상에서 너무나도 많은 사람들에게 사랑을 베풀고 복음사업에 앞장서서 주님의 일을 하였습니다. ○○

O 성도의 흔적이 너무나 크기에 떠나신 후에 허전함을 느낍니다. 저희들이 사는 날 동안 그분의 유지를 잘 받들어 서로 사랑하며 서로가 존중하며 서로가 이해하며 남을 위하여 배려하여 그리스도의 참 정신을 전하는 작은 예수로 살아가게 하옵소서. 이 시간 목사님 말씀하실 때 유가족과 조객들은 천국 소망의 확신으로 위로받게 하시고 하늘 나라를 유업으로 받는 엄숙한 시간이 되게 하여 주시옵소서. 우리 구주 예수님의 이름으로 기도하옵나이다.

아멘!

장례예배 영결예배
03

전능하신 하나님 아버지!

오늘도 한 생명의 부음소식을 듣습니다. 강원노회의 기둥이요 성실함으로 교회를 잘 섬기시는 ○○○ 장로님 큰아들이 하나님의 부르심을 받았다는 슬픈소식을 접합니다. 자비의 하나님 아버지! 인생은 풀잎의 이슬처럼 새벽에 잠깐 영롱한 빛을 내다가 여명이 밝아지고 하늘의 태양이 솟구칠 때 보이지 않게 날아가 버립니다. 인생은 나그네와 같습니다. 사랑의 하나님 아버지, 어떠한 변고로 가는 줄은 모르겠으나 이 땅에 태어날 때는 순서가 있지만 하나님의 부르심을 받는 때에는 순서가 없는 것을 알 수가 있습니다. 한 창일할 나이에 유명을 달리 하니 참으로 안타깝기 그지 없습니다. 하나님 아버지 그 영혼을 받아 주시옵소서. 희망찬 우리의 인생길에 하나님이 함께하시고 구원의 은총을 주셨사오니 누구든지 믿기만 하면 너와 네집이 구원을 받으리라 약속하신 하나님의 말씀을 듣게 하시옵소서. 아들을 먼저 떠나 보내고 슬픔 중에 있는 장로님 내외분께 성령님 위로하여 주옵소서.

부활하신 주님을 바라보며 언젠가 다시 만날 날을 기대하는 소망을 갖게 하옵소서. 존귀하신 하나님 아버지, 그 생명을 받아 주심을 믿게 하옵소서. 다시는 죽음이 없는 영원한 하늘나라 그 나라에 소망을 가지고 천국 백성으로 입성하게 됨을 감사하옵나이다. 사랑과 은혜가 풍성하신 하나님 아버지, 아들을 보내고 슬퍼하는 유족들과 문상 오신 오든 조객들 위해 하나님이 주신 평화와 부활의 소망이 있게 하시옵소서. 예수님의 이름으로 기도하옵나이다.

아멘!

영결식 예배기도
04

참 좋으신 하나님 아버지!

이 시간 한 생명을 이 땅에 보내 주셔서 82년의 생애를 최선을 다해 사시다가 부름을 받은 〇〇〇 집사님의 영결식 예배를 드리고자 합니다. 귀한 집사님이 병상에서 일어나실 줄 알았지만 하나님의 부르심을 받으니 인생의 무상함이 다시 한번 느껴집니다. 존귀하신 하나님 아버지, 인생의 생사화복은 우리 아버지 하나님 손에 달려 있음을 고백합니다. 급행열차처럼 지나가는 인생, 풀잎의 이슬 같은 인생, 안개와 구름 같은 인생, 꿈꾸듯이 잠깐 지나가는 나그네 인생길에 있는 나약한 우리의 모습을 바라봅니다. 하나님 아버지 〇〇〇 집사님은 원주 동부교회에 등록하여 귀농하기 전 5년동안 교회에 열심히 출석하여 예배를 드렸습니다. 그리고 귀농하여 충북 영춘면 의풍교회에서 매주 예배를 드리시며 서리집사로 신앙생활을 하시다가 입원하시고 합병증으로 하나님의 부르심을 받고 천국의 백성으로 입성하였습니다. 사랑의 하나님 아버지, 그 영혼을 받아 주심을 감사하옵나이다. 그리하여 아픔과 고통이 없는 천국, 슬픔과 괴로움이 없는 낮빛보다 밝은 천국, 하나님 아버지 계신 천국에서 영원한 안식을 누리게 하심을 감사하옵나이다. 아버지를 보내고 슬퍼하는 자녀의 마음을 위로하시고 마음의 눈물을 닦아주옵소서. 그 믿음의 유산을 이어 받아 영원한 천국 백성으로 자녀들이 생명책에 기록되게 하시고 하나님의 자녀된 권세로서 살아가게 하시옵소서. 이 시간 목사님께서 고인에 대한 말씀과 유가족, 일가, 친지, 조객들에게 영생의 말씀을 전할 때 위로받게 하시고 주님의 음성으로 듣게 하시옵소서. 예수님의 이름으로 기도하옵나이다.

아멘!

입관 예배기도

05

인애하신 하나님 아버지!

지금 이 시간 ○○○ 집사님의 입관 예배를 드리고자 합니다. 65년 전 이 땅에 집사님을 보내주시고 교회 항존직 안수집사로서 최선을 다하여 교회를 섬기도록 인도하신 하나님 감사합니다. ○○○ 집사님은 하나님이 귀하게 쓰시던 주님의 종이었습니다. 사랑의 하나님 아버지, 인생의 연수가 70이요 강건하면 80이라도 그 수가 슬픔뿐이요 신속히 날아간다고 하였습니다. 11월27일 목요일 새벽 차량 봉사를 하셨는데 오후에 비보를 듣게 되니 참으로 청천벽력이요 인생의 무상함을 다시 한번 깨닫게 됩니다. 이제 유명을 달리하셨으니 집사님의 영혼을 받아주시옵소서. 다시는 눈물도 없고 고통도 없고 고독도 없고 괴로움도 없는 저 천국에서 영생의 안식을 누리게 하옵소서. 슬픔을 당한 유가족과 친지 모두 다 하나님이 주신 말씀으로 위로받게 하시고 집사님이 남기신 믿음의 유산을 잘 받들어 신앙과 인생의 승리자가 되게 하여 주시옵소서. ㅇㅇㅇ 집사님이 떠난 자리가 더욱 저희들 가슴에 크게 느껴져옵니다. 집사님 안녕히 가십시오. 이 다음 천국에서 다시 만납시다. 이 시간 주의 사자 목사님 말씀 대언하심 처럼 천국문을 여시고 고 ㅇㅇㅇ 집사님의 영혼을 받아 주신줄 믿사옵나이다. 그러함으로 생명의 면류관, 의의 면류관, 충성의 면류관을 주실 줄 믿사옵니다. 우리 구주 예수님의 이름으로 기도하옵나이다.

　아멘!

천국 환송 예배
06

만복의 근원이 되시며 인간의 생사화복을 주관하시는 하나님 아버지!

78년 전에 이 땅에 ○○○ 장로님을 보내주시고 이 시간 하나님의 부르심을 받아 환송예배를 드리고자 합니다. 그 영혼을 받아 주시옵소서. 일찍이 모세는 인간의 연수는 70이요 강건하더라도 80이며 그 수가 슬픔뿐이오 신속히 날아간다 하였습니다. 이 시간 하늘문을 여시고 장로님의 영혼을 받아 주시옵소서. 다시는 아픔이 없고 고통이 없고 슬픔이 없고 오직 하나님만 찬양하는 아버지 집에서 영원한 안식을 누리게 하심을 감사하옵나이다. 사랑의 하나님 아버지, 먼저 남편을 보내고 슬픔중에 있는 ○○○ 권사님을 위로하여 주시사 건강을 지켜주옵소서. 날마다 하나님의 은혜 가운데 거하게 하시옵소서. 또 슬하의 자녀들이 아버지를 보내고 마음 아파 눈물 흘릴 때 하나님 말씀에 위로를 받게 하시고 영생의 길을 갈 수 있도록 믿음을 굳게 하시옵소서. "나는 부활이요 생명이니 나를 믿는 자는 죽어도 살겠고 살아서 믿는 자는 영원히 죽지 아니하니라"는 주님의 말씀에 소망을 가지고 믿음의 유산을 받아서 섬기시는 교회의 큰 일꾼들이 다 되게 하시옵소서. 이 시간 목사님께서 말씀 전하실 때 이 자리에 참석한 모든 사람들에게 천국의 소망을 갖는 시간이 되게 하시고 유가족들에게는 위로와 소망의 말씀이 되게 하시옵소서. 인생의 겨울이 오기 전에 남은 자 성도들이 장로님이 섬기셨던 그 자애하심과 온유하심과 성물을 헌납하시면서 일생동안 교회 성도들에게 귀감이 되셨던 삶을 기억하게 하옵소서. 존귀하신 하나님 아버지, 이제 이 세상의 모든 것을 내려 놓고 천국의 시민이 되신 장로님을 환송하며 장례 절차와 좋은 일기 그리고 하관예배까지 안전하게 지켜주시옵소서. 천국 가시는 장로님 환송예식이 모든 조문객들은 슬픔보다는 기쁨, 눈물보다는 감사하는 자리가 되게 하옵소서. 길이요진리요 생명이 되신 우리 구주 예수그리스도의 이름으로 기도하옵나이다.

아멘!

천국 환송 예배
07

좋으신 하나님 아버지!

하나님께서 사랑하신 아들 ○○○ 성도가 부르심을 받고 소천하였습니다. 그저께만 하더라도 삶의 현장에서 뛰다가 하루밤 사이에 유명을 달리 하시니 참으로 인생의 무상함을 느낍니다. 한 세상 살아오면서 시간에 쫓기고 물질에 얽매여서 마음 편하게 살아보지 못하고 가족과 함께 여행 한번 못가보고 값비싼 음식도 한번 제대로 먹어보지 못한 채 이 세상을 떠나 유가족과 친지 그리고 조문객들 모두 다 인생의 무상함을 깨닫게 됩니다. 생명의 주인이신 하나님 아버지, ○○○ 성도는 이 땅에서 성실하고 열심히 인생을 살았습니다. 이제 남은 유족들이 아버지의 못다 이룬 비전을 알고 깨달아 하나님을 믿고 하나님의 백성이 되어 선한 주의 일꾼이 되게 하시옵소서. 이제 육신은 흙에서 왔다가 흙에으로 가는 것이 정한 것이요 영혼은 하나님의 나라 천국에서 하나님을 찬양하며 영원히 안식을 누리게 하심을 감사하옵나이다. 다시는 눈물이 없고 아픔과 고통이 없으며 슬픔과 괴로움이 없는 아름답고 사시사철 꽃이 피는 황금 집에서 생명의 면류관, 의의 면류관, 영광에 면류관을 받는 복이 있게 하심을 감사하옵나이다. 이 시간 목사님의 고인에 대한 추모의 말씀, 하나님이 주신 생명과 구원의 말씀을 전하실 때 모두 다 아멘하시고 남은 자들은 다시 한번 고인의 유지를 잘 받들어 섬기시는 교회에 충성을 다하여 지역 사회 일원으로서 꼭 필요한 믿음의 사람으로 봉사하게 하시옵소서. 이제는 고인을 보내드려야 하겠습니다. 다시는 볼 수 없고 다시는 음성을 들을 수 없으며 오직 하나님께 영광이 되게 하시옵소서. "나는 부활이요 생명이니 나를 믿는 자는 죽어도 살겠고 살아서 믿는 자는 영원히 죽지 아니하리라"는 주님의 음성을 듣고 천국의 소망을 두고 새롭게되는 역사가 이루어지게 하옵소서. 날마다 주님께서 위로하여 주실줄로 믿사옵고 우리 구주 예수님의 이름으로 기도하옵나이다.

아멘!

하관 예배 기도
08

사랑의 하나님 아버지!

이 시간 ○○○ 집사님의 하관예배를 드리고자 하옵니다. 한평생 하나님을 믿고 그리스도인의 길을 살아오셨던 ○○○ 집사님의 신앙 모습은 우리 모두의 귀감이 되었습니다. 교회의 기도의 자리에 나오셔서 본이 되어 주시고 교회 재직의 일환으로서 남을 배려하며 자기 주장을 하지 아니하시고 한평생 경청하며 화목을 도모하며 참 예수의 길을 보여주셨습니다. 교회 교사로서 성전을 세우기 위하여 애쓰는 모습을 후배들에게 보여 주셨습니다. 작은 냇물이 모여 강으로 흘러 바다로 모이듯이 모든 것을 이해하고 포용하며 겸손함으로 섬김의 길을 걸어 가셨던 고인의 모습을 회상해봅니다. 바다처럼 깊고 모든 것을 덮어주는 온유한 모습을 다시는 볼 수가 없어서 안타까운 마음뿐입니다. 그러나 생과 사는 하나님이 만드신 창조의 질서로 한 세대는 오고 한 세대는 가는 것이 정한 이치옵니다. 이 땅에 영원한 것은 없습니다. 나그네로 잠시 이 땅에 살다가 하나님이 부르시면 누구든지 가야 함을 기억합니다. 믿음으로 살다가 천국에서 만날 날을 기약하면서 하관의 작별을 고하고자 합니다. 비록 육체는 흙으로 돌아가나 영혼은 부활하여 천국 백성으로 주님의 품안으로 영원한 안식이 이루어지게 하심을 감사하옵나이다. 이 시간 목사님께서 말씀하실 때 남은 저희들이 믿음의 경주를 잘해서 천국에서 다시 만날 때를 기약하게 하시옵소서. ○○○ 집사님을 보내시고 슬픔과 눈물로 애통해하는 유가족과 친지 그리고 교우들이 위로의 말씀과 천국의 소망으로 다시 한번 일어서게 하시옵소서. 이 시간 사역하신 장례 위원과 치산치묘 하신 동네의 모든 어르신들께 평강과 하나님을 영접하시는 복이 있게 하시옵소서. 예수님의 이름으로 기도하옵니다.

아멘!

입관 예배 기도
09

하나님의 선택을 받아 이 땅에 태어나게 하신 하나님께 감사를
드립니다. 이 지구상에는 많은 나라와 많은 민족이 있습니다. 그러
나 동방의 고요한 아침의 나라인 대한민국을 주시고 반만년 유구한
역사와 전통 그리고 찬란한 문화를 이루게 하심을 감사합니다. 우
리 민족에게 일찍이 선교사들이 들어오셔서 순교의 피흘림 가운데
복음이 전파 되었습니다. 오늘날 우리나라 정치, 경제, 교육, 문화,
사회 전반에 하나님의 능력이 나타나게 하시고 삼일정신의 위대한
발자취를 남기신 선열들의 나라사랑과 애국애족 애민 민족정신을
계승한 이 나라를 위해 하나님의 은총이 함께하심을 감사합니다.
이 시간 이 나라와 사회 그리고 한국 하나님의 선교 사업에 앞장서
시고 지역 사회를 섬기셨던 ○○○ 장로님이 소천하여 입관예배를
드립니다. 사람은 누구나 때가 되면 본향으로 돌아가야 하는 것이
정해진 이치인 줄 믿습니다. 이제 입관 예배를 드리면서 한평생 교

회를 섬기시고 선교 사업에 몸과 마음을 바치시고 일상생활에서도 믿음의 본을 보여 주셨던 ○○○ 장로님의 모습을 추억해 봅니다. 입관 예배를 드리면 다시는 ○○○ 장로님의 얼굴을 볼 수가 없어 슬픔으로 눈물이 앞을 가립니다. 사랑의 하나님 아버지, 꽃도 피었다가 열흘이면 떨어지고 나무도 오래되면 고목이 되어 가는 것처럼 모든 생명들은 누구나 한 번은 가야 하는 것을 알 수가 있습니다. 이 시간 목사님께서 하나님의 말씀을 전하실 때에 고인이 되신 장로님의 영혼의 승리의 말씀이 되게 하시고 유가족들에게는 하나님이 주신 위로의 말씀이요 온 교우들에게 환송의 말씀이 되어서 이슬 같은 인생, 나그네 같은 인생, 구름 같은 인생을 모두 내려 놓고 예수님만 바라보게 하시옵소서. 실버들 같은 저희들 하나님의 말씀으로 인하여 소망이 있게 하시고 주님의 발자취를 따라 가게 하시옵소서. 장례 절차를 간섭하여 주시고 오고가는 길 안전을 보호하여 주시고 부활의 신앙으로 다시 만날 때를 소망하며 생명이 되신 예수그리스도의 이름으로 기도하옵나이다.

아멘!

영결 예배

10

생명의 주관자가 되신 하나님 아버지 오늘 이 시간 유명을 달리하신 ㅇㅇㅇ 성도님의 명복을 비오며 장례 예배를 드리고자 합니다. 국가의 공무원으로 부름을 받아 성실하게 근무를 잘 하시다가 불의의 사고로 순국하였사오니 그 영혼을 받아 주신 줄 믿사옵나이다. 퇴근하는 그 시간까지 스마트폰으로 연락이 되어 아들과 부인이 퇴근 시간을 반기며 행복한 시간을 기다렸지만 불의의 사고로 인하여 유명을 달리하시오니 참으로 애통하고 인생의 무상함을 깨닫게 됩니다. 공직에 있으면서 야근을 하시다가 불의의 사고를 당하여 유가족들은 앞이 캄캄하고 눈물도 메말라 목소리조차 나오지 않습니다. 하나님 아버지, 생과 사의 갈림길에서 사랑하는 아내와 자식들을 두고 애틋한 감정 표현도 못한 채 떠나는 것이 인생임을 깨닫습니다. 전능하신 하나님 아버지!

이 불쌍한 영혼 받아주소서. 아버지의 백성이 되게 하시고 하늘 생명책에 기록되어 천국시민으로 입성하여 영생의 복을 누릴 줄 믿사옵나이다. 남은 유가족들이 하나님의 말씀으로 위로받게 하시고 앞이 캄캄하고 막연하고 허탈한 마음이 있겠지만 다시 한 번 일어서게 하시옵소서. 아들을 먼저 보내는 부모님과 형제 자매 모두가 남은 생애동안 하나님의 백성이 되게 하시고 구원을 받게 하시고 십자가의 보혈의 피로 죄사함받고 부활의 동산에서 다시 만날 수 있도록 인도하여 주시옵소서. 이 시간 목사님께서 말씀 선포하실 때 유족과 조문객들에게 부활의 말씀, 영생의 말씀되게 하옵시고 믿음으로 준비를 잘해서 다시 만나 천국시민으로 영원한 안식과 구원의 은혜를 누리게 하시옵소서. 우리 구주 예수님의 이름으로 기도하옵나이다.

아멘!

영결 예배
11

   생사화복을 주관하시고 우주만물을 통치하시는 하나님 아버지!

   이 시간 유명을 달리하신 산업 전사자 네 분의 장례예배를 드리고자 합니다. 잠시 전만 하더라도 구슬땀을 흘리고 삶의 현장에서 일하시던 분들이 불의의 사고를 당하여 애통한 마음을 금할 길이 없습니다. 이들을 떠나 보내야 할 유가족들과 현장에서 함께 일하시는 노동자분들의 애통함은 더더욱 이루 말할 수가 없을 것입니다. 생명의 주관자가 되신 하나님 아버지, 이들의 영혼을 받아주시옵소서. 그리하여 천국의 시민으로서 하나님의 나라에서 영원한 안식을 누리게 하시옵소서. 사랑하는 아내와 자녀들 그리고 노모께서 통한의 눈물속에 가슴이 무너지며 비통함이 가슴을 찌르겠지만 천국에서 다시 만날 날을 소망삼고 슬픔을 잘 이기게 하옵소서. 사랑의 하나님 아버지, 믿음으로 교회를 섬기시며 하나님의 청지기로서 크리스천의 모습을 볼 수 있었습니다. 이제 남은 자들이 하나님들 더 영화롭게 하고 의지하여 하늘의 백성으로서 승리 할 수 있게 하시옵소서. 존귀하신 하나님 아버지, 누구나 하나님을 믿으면 구원의 선물을 값없이 주시는 하나님의 사랑을 깨닫게 하시고 천국의 백성으로 부활의 동산에서 예수님을 만나는 축복이 있게 하시옵소서. 이 시간 목사님께서 말씀하실 때 고인의 영생과 구원의 말씀이 되게 하시고 이제 보내시는 유족 그의 아내와 자녀 부모형제와 조객들에게 하나님의 위로의 말씀이 있게 하시옵소서. 오늘 모든 장례절차를 인도하여 주시옵소서. 우리 구주 예수님의 이름으로 기도하옵나이다.

아멘!

장례 예배

12

    만복의 근원이 되시고 인간의 생명을 주관하시는 하나님 아버지! 이 땅에 ○○○님을 보내주셔서 86년 동안 살게 하시다가 하나님의 부르심을 받았습니다. 고인이 되신 ○○○님은 한평생 하나님을 위해 선한 싸움을 싸우고 천국의 푯대를 향해 사도 바울처럼 믿음의 경주를 하시고 많은 그리스도의 흔적을 남겼습니다. 사랑의 하나님 아버지! 이 시간 고인의 영결예배를 드리고자 하옵니다. 모든 육체는 풀과 같고 그 모든 영광은 꽃과 같아서 풀은 마르고 꽃은 떨어지되 하나님 말씀은 영원하다고 하였습니다. 사람은 누구나 한 번은 가야 합니다 이 땅에 영원한 것은 없습니다. 권불십년이요 꽃도 피었다가 시들어 화무는 십일홍이라 하였습니다. 일찍이 모세는 인간의 연수가 70이요 강건하더라도 80이지만 그 수가 슬픔뿐이요 신속히 날아 간다고 하였습니다. 지혜의 왕 솔로몬은 '헛되고 헛되니 모든 것이 헛되도다' 라고 인생의 덧없음을 노래했습니다. 오늘

이 땅에서 하나님의 나라를 위해 살다가 그리스도의 흔적을 남기신 고인이 되신 ○○○님의 믿음의 유산을 유가족과 온 교우들이 본받아 복음의 전선에 사랑의 실천자가 되게 하여 주시옵소서. 이 시간 목사님 말씀하실 때 고인이 되신 ○○○님의 명복을 비오며 "나는 부활이요 생명이니 나를 믿는 자는 죽어도 살겠고 살아서 믿는 자는 영원히 죽지 아니하니라"는 부활의 신앙으로 영원한 천국에 입성하게 하시옵소서. 그리하여 남은 자들은 ○○○님의 신앙의 유산을 받아서 한평생 살아갈 때 예수님의 사랑의 십자가와 부활의 증인으로서 이 땅에 그리스도의 나라가 오기를 고대하며 충성을 다하게 하시옵소서. 우리 구주 예수님의 이름으로 기도하옵나이다.

아멘!

하관 예배
13

"모든 육체는 풀과 같고 그 모든 영광은 꽃과 같으니 풀은 마르고 꽃은 떨어지되 오직 주의 말씀은 세세토록 있도다"

사랑의 하나님 아버지, 오늘 하나님의 아들 ○○○ 성도님의 하관 예배를 드리고자 합니다. 그 영혼을 하나님 품에 안아주시고 다시는 슬픔이 없고 아픔과 고통이 없는 하나님의 나라 천국에서 안식하게 하옵소서. 누구나 예수님을 믿기만 하면 값 없이 구원을 주심을 감사합니다. 이제 사랑하는 남편을 보내고 또 아버지를 보내는 유가족들에게 하늘의 위로가 넘치게 하옵소서. 아버지께 못한 효를 이제 어머니께 하여 어머니를 기쁘게 해드리고 하나님을 잘 섬기시는 믿음의 가족들이 되게 하시옵소서. 이 시간 하나님의 사자 목사님께서 말씀을 대언하실 때 고인의 살아생전의 삶을 추억하게 하시고 유가족과 조객들은 주의 일을 하다가 하나님 앞에 칭찬받고 거룩한 주님의 신부들이 다 되게 하시옵소서. 하관 절차와 순서를 주님께서 주관하여 주시고 좋은 일기를 주소서. 차량으로 오고가는 모든 길목을 하나님이 보호하시고 하나님의 은혜가 충만하게 하시옵소서. ○○○ 성도님을 먼저 떠나 보내고 텅빈 유가족들의 마음에 하나님의 말씀의 씨앗이 떨어져 온 가족이 하나님을 영접하게 하시고 천국의 생명책에 기록되게 하시옵소서. 우리 구주 예수님의 이름으로 기도하옵나이다.

아멘!

입관 예배
14

오늘 이 시간 ○○○ 집사님의 입관 예배를 드리고자 합니다. 생전에 하나님을 영접하시고 먼 곳에서 교회에 출석하시고 동부교회에서 세례를 받게 하심을 감사드립니다. 사랑의 하나님 아버지, 이 ○○○ 집사님의 영혼을 받아 주시옵소서. 하늘 가는 길이 밝아지게 하시고 생명책에 기록된 대로 천국에 입성하게 하시옵소서. 모든 육체는 풀과 같고 꽃과 같다 하였습니다 풀은 마르고 꽃은 떨어지되 주님의 말씀은 영원하다고 하였습니다. 자비의 하나님 아버지, 이 땅에 태어난 모든 사람들은 누구나 한번은 죽음을 맞이 하게 됩니다. 잠시 살다가 가야할 길 정해진 길 죽음은 끝이 아니라 새로운 시작이오니 우리 인생은 때가 이르면 본향에 가야 합니다. 우리 모두는 이 땅에서 순례자의 길을 가고 있습니다. 은혜로우신 하나님 아버지, 슬하에 5남2녀를 두시고 다복한 가정을 이루시고 하나님의 부름을 받아 천국에 가신 집사님, 그곳에서 안식하게 하옵소서. 사랑의 하나님 아버지, 이제 온 가족과 자녀들이 고인의 뜻을 따라 하나님을 경외하게 하시옵소서. 하나님이 저희들에게 허락하신 시간 많이 우리의 시간이오 이 시간을 잘 활용하여 그리스도 예수님을 나의 구주로 영접하게 하시옵소서. 아버지와 남편을 보내고 슬픔에 가득찬 유가족들에게 하나님이 주신 평화가 있게 하시옵소서. 사랑의 하나님 아버지, 고인의 생명을 받아 주시옵소서. 높은 산 계곡 산 자락에 피어난 한 송이 꽃같이 아름답게 사신 삶의 향기가 삶의 언저리에 남아 있습니다. 좋으신 하나님 아버지, 삶과 죽음에서 유명을 달리 하였으니 인생의 무상함이 느껴집니다. 주님 다시는 슬픔과 아픔, 고통이 없는 곳에서 안식하게 하옵소서. 이 시간 주님의 사자 목사님 말씀하실 때 고인에 대한 명복의 말씀과 유족들은 믿음의 신앙을 상속받게 하시고 조객들 모두 다 하나님을 영접할 수 있도록 인도하여 주시옵소서. 남은 장례절차와 순서를 하나님께서 인도하여 주시고 수고하신 일가, 친척 그리고 동네주민들 모두 다 하나님이 주신 평강이 임하게 하시옵소서. 존귀하신 우리 구주 예수그리스도의 이름으로 기도합니다.

아멘!

추도식 예배기도

15

태초에 하나님이 천지를 창조하시고 하나님의 형상을 따라 사람을 지으시고 만세 전에 저희들을 보내사 아바 아버지라고 부를 수 있도록 인도하여 주신 하나님께 감사를 드립니다. 이 시간 고인이 되시는 ○○○ 집사님 일 주년 추도식 예배를 드리고자 합니다. 인간의 연수가 70이요 강건하더라도 80이지만 그 수가 슬픔뿐이요 신속히 날아간다 하였습니다. 잠시 왔다가 가는 나그네 인생, 안개와 같은 인생입니다. "모든 육체는 풀과 같고 그 모든 영광은 풀의 꽃과 같으니 풀은 마르고 꽃은 떨어지되 오직 주의 말씀은 세세토록 있도다"(벧전 1:24, 25)고 했습니다. 고인이신 ○○○ 집사님은 이 땅에 사시면서 교회학교 아동부 교사와 아동부 부장, 성가대 총무, 교회의 중직자로서 헌신하였으며 부르심받은 그날 새벽까지 교회차량 봉사를하셨습니다. ○○○ 집사님은 하나님 마음에 합한자였으며 하나님께 충성을 다하였습니다. 참으로 교회의 일꾼이며 모

272

든 일에 솔선수범하신 믿음의 사람이었습니다. 교회학교 부장으로서 교사들 대접과 교우간의 통 큰 접대와 선교적 사명을 감당하기 위하여 교회 본질을 찾기 위해 최선을 다하였습니다. 존귀하신 하나님 아버지, 이제 고인이 되신 집사님은 비록 육신은 땅에 묻혔으나 영혼은 하나님이 불러주신 저 천국에서 안식을 누리실 줄 믿습니다. 이 시간 고인이 되신 집사님이 생전에 섬기셨던 교회는 소망의 부활로 성장하여 원주 도성에서 영혼구원의 방주가 되었습니다. 자비하신 하나님 아버지, 고인이 되신 집사님이 찬란한 저 천국에서 영원한 안식을 누리게 하시옵소서. 우리 구주 예수님의 이름으로 기도하옵나이다.

아멘!

추도식 예배기도

16

만복의 근원이 되시고 인간의 생사화복을 주관하시는 하나님 아버지, 이 시간 고인이 되신 ○○○ 안수집사님을 위한 추도식 예배를 드리고자 합니다. 고인이 되신 ○○○ 집사님은 원주 제일교회 아동부 부장 선생님으로 어린이 전도와 영혼 구원에 최선을 다하셨습니다. 일찍 교회에 나와서 교사들과 예배드리며 교사 월례회, 여름성경학교와 겨울방학 신앙수련회, 성탄예배와 어린이날 교회학교 행사 등 참으로 복음을 위해 최선을 다한 참 그리스도인이었습니다. 원주 제일교회 시온성가대 총무로서 찬양을 통해 하나님께 영광을 돌리고 온 성도들의 영혼의 맑은가락을 선사했던 참으로 귀한 하나님의 종이었습니다.

사랑의 하나님 아버지, 이른 새벽 차량운전을 하셔서 아침 식사를 대접한다고 하였더니 시간이 많지 않다며 다음 기회에 하자고 하셨던 집사님이 오후 5시에 집 앞에서 쓰러지셔서 의식불명 상태가 되어 119 구급차로 기독병원에 입원하였지만 과다 뇌출혈로 일어서지 못하고 평소에 말씀하신 대로 장기 기증으로 많은 사람들에게 새생명을 선물하고 하나님에 품에 안기셨습니다. 그의 일생은 비록 가난하였고 힘겨웠지만 주님의 일이라면 통 큰 마음으로 주의 종을 잘 대접하고 장로들과 집사님들에게 사랑으로 대접하며 항상 주의 일에 앞장을 서서 항존직분자로서 모범을 보여 주셨습니다. 홍길동 집사님의 충성과 봉사 헌신은 하늘나라 천국에서 해같이 빛날 것입니다. 집사님께서 천국에서 우리 동부교회를 위해서 중복기도하실 것을 믿습니다. 천국에서 하나님과 함께 계실 집사님께서 주님의 재림 공중나팔 이 울릴 때 기쁜 마음으로 다시 만날 것을 바라고 원합니다.

예수그리스도의 이름으로 기도하옵나이다.

아멘!

총동원 주일 예배

17

좋으신 하나님 아버지 은혜를 감사합니다. 허물이 많은 완악한 저희들을 사랑하시사 날마다 새 날을 주시옵고 하나님 아버지 앞에 예배드리게 하시오니 감사합니다. 사랑의 하나님 아버지, 벌레만도 못하고 아무 쓸모없는 저희들을 사랑하시사 구속의 은총으로 독생자 예수 그리스도를 보내주시니 감사합니다. 이 시간 저희들은 하나님의 은혜의 보좌로 나아가게 하시고 하나님이 주신 영생의 말씀으로 죄악된 세상에서 날마다 영적으로 깨어있게 하시옵소서. 자비의 하나님 아버지, 오늘은 우리 교회가 총동원 주일로 지킵니다. 주님께서 각자의 심령마다 새로운 결단과 긍정의 사고로 영적 고지를 점령하게 하시옵소서. 사랑의 하나님 아버지, 교회를 다니시다가 장기적으로 쉬고 있는 성도와 오늘 처음 나오신 분들의 영안이 열리게 하시고 귀가 열리게 하옵소서. 마음 깊은 곳에서 회개의 샘물이 터져나와 가슴치며 죄악을 다 토해내고 진정으로 하나님 마음에 합한 예배를 드리게 하시옵소서. 마음속으로 지은 죄, 눈으로 지은 죄, 손으로 지은 죄, 혀끝으로 지은 죄, 발로 지은 죄, 기억조차도 나지 않는 죄, 살아 가면서 지은 죄 모두 다 주님의 보혈의 피로 죄사함을 받게 하시옵소서. 영접하는 자 그 이름을 믿는 자는 하나님의 자녀가 되는 권세를 주신다고 했습니다. 하나님의 자녀의 권세를 받기에 합당하게 하시옵소서. 사랑의 하나님 아버지, 말씀에 목말라하게 하시고 애타는 마음, 갈급한마음, 사모하는 마음을 주셔서 위로부터 오는 천국의 선물을 받게 하시옵소서. 그리하여 우리 모두 다 하나님을 경외하게 하시고 모든 사람들에게 복음이 전파되게 하시옵소서. 우리 구주 예수님의 이름으로 기도하옵나이다.

　아멘!

수험생을 위한 기도
18

사랑과 은혜가 풍성하신 하나님 아버지 은혜를 감사합니다. 오늘 우리나라 60만 고등학교 3학년 수험생들이 수능시험을 치르 날입니다. 새벽 일찍부터 오후까지 이제껏 공부한 내용을 시험을 치르고 그 성적에 따라 대학에 진학합니다. 배움의 터전에서 12년 동안 대입을 위하여 최선을 다한 이 나라 60만 수험생과 재수생들의 건강을 지켜주시옵고 지혜를 주셔서 좋은 성적을 거둘 수 있게 하시옵소서. 성적이 생각보다 떨어진 학생이 있다면 좌절하지 않게 하시옵고 새롭게 전진할 수 있게 하시옵소서. 사랑의 하나님 아버지, 성적과 대학입학이 인생의 전부가 아니요 최선을 다한 후 결과를 수용하며 자기 계발을 통해서 어떤 일이 적성에 맞는지 냉정히 판단하여 인생 진로를 현명한 판단으로 정하게 하옵소서. 정상을 향하여 나아갈 때 정복할 수 있는 용기와 지혜를 주시옵소서. 수험생 가정의 부모님의 건강을 지켜 주시옵고 사철의 봄바람이 불어오듯이 감사가 있게 하시옵소서. 사랑의 하나님 아버지, 이 시간 하나님의 사자 목사님 말씀을 대언하실 때 하늘의 문을 여시고 예수님의 말씀이 각자 심령마다 임하게 하시옵소서.

목사님 내외분 강건하게 하시고 날마다 온 교우들이 성령 충만하게 하시옵소서. 좋으신 하나님 아버지, 이 시간 찬양대를 세워주셨사오니 하나님께 영광 영광이 되게 하시고 저희들에게는 감격과 감사가 넘치게 하옵소서. 한주간도 교회를 섬기시는 모든 청지기들에게 하나님이 주신 은혜와 평화가 있게 하시고 가정과 자녀들에게 형통의 복을 내려 주시옵소서. 우리 구주 예수님의 이름으로 기도하옵나이다.

아멘!

대심방 기도
19

좋으신 하나님 아버지 은혜를 감사합니다. 이 시간 김태영 집사님 가정에서 춘계 대신방 예배를 드리게 하심을 감사합니다. 집사님 내외분과 1남 2녀를 하나님께서 선물로 주셨사오니 건강하게 자라게 하옵소서. 온 가족이 하나님을 섬기시는 믿음의 가정이 되게 하심을 감사합니다. 사랑의 하나님 아버지, 집사님이 평소에 바쁘시지만 하나님의 성전에서 이름 없이 빛도 없이 말없이 충성을 다하시는 모습이 너무나 교회에 귀감이 되고 있습니다. 굳은 일에도 앞장서서 일하시는 모습에 교회온 성도들이 도전을 받습니다. 이제 두 분께서 더욱 더 주님의 일꾼으로서 충성을 다하시도록 인도하시옵소서. 하시는 사업과 직장에서도 기름을 부으시사 물질에 목마름이 없게 하시고 범사에 감사가 넘치게 하시옵소서. 선물로 주신 자녀들에게 지혜와 총명 그리고 재능을 주셔서 이 땅 가운데 하나님의 자녀로서 믿음의 거장들이 되게 하시옵소서. 하나님의 부르심을 받은 축복의 자녀가 다 되게 하시옵소서. 아브라함의 하나님, 이삭의 하나님, 야곱의 하나님, ○○○ 집사님의 하나님! 이 시간 하나님의 사자 목사님 이 가정에 말씀을 주실 때 하나님의 음성으로 듣게 성령님께서 인도하여 주시옵소서. 사시는 동안 영육간에 강건함을 주시고 사철의 봄바람이 불어오는 믿음의 가정이 되게 하여 주시옵소서. 날마다 그리스도 은혜의 빛이 시간 시간마다 넘치게 하시옵소서. 예수님의 이름으로 기도하옵나이다.

아멘!

국회의원후보를 위한 기도
20

　만복의 근원이 되시고 역사의 주관자가 되시는 하나님 아버지 은혜를 감사합니다. 오늘 이 시간 ○○○ 변호사님이 당의 공천을 받아서 20대 국회의원에 출마하셨습니다. 자비의 하나님 아버지, ○○○ 변호사님께서 오랫동안 지역사회 발전에 큰 관심과 무료 변호와 사회의 약자들의 대변자로서 조용하게 섬겨왔음을 알고 있습니다. 이번에 그 인지도를 가지고 공천을 받고 출마하였으니 도와주시기 바랍니다. 계획은 인간이 세우나 역사하시고 인도하시는 분은 만군의 여호와 하나님이십니다. 하나님께서 변호사님을 도와주시옵소서. 지역사회 대표자로서 꼭 당선이 되어서 의정 활동을 할 수 있게 하시고 이 나라 이 민족의 민주주의 대변자로서 강원도민과 원주시민의 대변자로서 일할 수 있도록 역사하여 주시옵소서. 어려운 경쟁이 되겠지만 하나님을 믿는 집사로서 더욱더 사람을 의지하지 말게 하시고 하나님 말씀에 순종하며 영성이 회복되어서 섬기시는 교회에서 귀하게 쓰임 받는 종이 되게 하시고 영적 거장이 되어 하나님의 영광을 위해서 일할 수 있도록 인도하여 주시옵소서. 지역사회에 필요한 선거 공약을 지킬 수 있도록 하시고 시민들의 요청으로 선출될 수 있도록 인도하여 주시옵소서. 사랑의 하나님 아버지, 사모님과 온 가족이 강건하게 하시고 사철의 봄바람이 불어오는 하나님을 모시는 가정이 되게 하옵소서. 하나님께서 꼭 당선될 수 있도록 인도하여 주시옵소서. 자비의 하나님 아버지, 항상 초심을 잊지 않게 하시고 지지자와 또 캠프에서 일하시는 선거원 그리고 정책 보호자와 참모들이 헌신적인 노력으로 섬기며 협력하여 당선이 되게 하시옵소서. 은혜로우신 하나님 아버지, "두려워 말라 놀라지 말라 나는 내 하나님이다 내가 너를 도와주리라 내가 너를 굳세게 하리라 내가 오른손으로 너를 붙들어주리라"는 하나님의 말씀이 ○○○ 변호사님의 좌우명이 되게 하시고 20대 국회위원에 당선되게 하여 주시옵소서. ○○○ 변호사님의 정치인생이 하나님이 함께하시는 축복과 인도하심으로 그는 하나님의 종이었다고 기록되게 하시옵소서. 우리 구주 예수님의 이름으로 기도하옵나이다.

  아멘!

졸업 예배 기도

21

참 좋으신 하나님 아버지 은혜를 감사합니다. 오늘은 우리 교회 학교 졸업예배를 드리고자 합니다. 자라나는 꿈나무들에게 날마다 하나님의 은혜가 넘치시기를 기도합니다. 먼저 그들이 하나님을 경외하게 하시고 시간의 우선순위를 하나님께 드리게 하시옵소서. 그들에게 지혜와 명철을 주소서. 재능과 자기주도형 학습을 통해서 하나님이 쓰시고자 하는 믿음의 사람들이 되게 하시옵소서. 그들의 삶의 언저리에 주님의 복음의 흔적, 사랑의 흔적, 하나님의 영광을 위해서 그리스도의 흔적을 남길 수 있는 소금과 빛의 자녀들이 다 되게 하시옵소서. 유치원부 임다빈, 지한구, 초등학교 백성민, 이가영, 정우준, 아동부 조하민, 감나리, 이아영, 중학교 안성희, 원현지, 조하영, 지승희, 고등부 김고은, 원홍민, 하다슬, 대학부 노재한, 노현지 십칠 명이 졸업을 합니다. 졸업은 끝이 아니라 새로운 시작이요 도전이며 인생 항로에 새로운 목표를 향한 경주입니다. 그동안 이들을 키우시고 가르치셨던 부모님과 교사 선생님들에게 하나님의 은혜가 넘치시기를 간절히 기도합니다. 그들이 좌절할 때 용기를 주시고 그들이 실패할 때 기도와 칭찬과 격려로 다시 일어서게 하나님의 말씀으로 승리할 수 있도록 인도하여 주시옵소서. 우리 구주 예수님의 이름으로 기도하옵나이다.

아멘!

첫돌 예배 기도
22

좋으신 하나님 아버지 은혜를 감사합니다. 오늘 하나님의 아들 ○○○ 집사님의 아들 ○○○의 첫돌 예배를 드릴 수 있게 하심을 감사합니다. 하나님이 자식은 태의 기업이라 하였는데 생명을 주셔서 오늘 첫돌예배를 드릴 수 있게 하셔서 감사합니다. 주님께서 어린이들이 나에게 오는 것을 금치 말라고 하였습니다. 아이들을 사랑하시고 비유를 들어 천국을 말씀하셨습니다. 어린아이 같은 마음이 아니면 천국에 들어가기 어렵다 하였습니다. 아이는 순전하고 티 없고 맑고 그 모습은 꽃중의 꽃이요 보석 중에서도 가장 고귀한 보석입니다. 사랑의 하나님 아버지, ○○의 첫돌을 맞아 건강하고 지혜롭고 씩씩하게 자라나게 하시고 이 민족의 큰 일꾼이 되게 하시옵소서. 무병장수하게 하시고 지혜와 명철을 주옵소서. 부모님께 효를 다하고 가정과 사회에서 꼭 필요로 하는 아들이 되게 하시옵소서. 그리하여 꽃같이 아름답고 해같이 빛나게 하나님을 기쁘게 하시는 아들이 되게 하시옵소서. 이 시간 목사님께서 말씀하실 때 영력을 더하여 주옵소서. 이제 돌을 맞이하여 낳으시고 기르신 부모님과 온 가족 일가, 친척 모두 하나님이 주신 평강의 은혜가 임하게 하시옵소서. 예수님의 이름으로 기도하옵나이다.

아멘!

첫돌 예배 기도
23

좋으신 하나님 아버지 은혜를 감사합니다. 이 땅에 ㅇㅇㅇ를 보
내주셔서 이 땅에 태어나게 하시고 부모님 사랑과 보살핌 속에 건
강하게 자라나게 하시오니 감사합니다. ㅇㅇㅇ에게 건강과 지혜와
총명을 주셨으니 하나님의 일꾼으로 성장하게 하시사 이 민족과 이
사회와 가문의 큰 대장부가 되게 하시고 예수님의 말씀을 잘 배우
고 익혀서 그리스도인의 흔적을 남기는 종이 되게 하시옵소서. 존
귀하신 하나님 아버지, ㅇㅇ를 양육하고 있는 부모님께도 건강을
주옵시고 하나님의 말씀을 날마다 묵상하며 신앙교육을 잘 하여 다
음 세대를 이어가는 하나님이 기뻐하시는 ㅇㅇ이 되게 하시옵소서.
이 시간 하나님의 사자 목사님 말씀하실 때 하나님의 말씀이 이 가
정에 축복의 말씀이 되게 하시고 축하객들에게 은혜의 말씀이 되
게 하시옵소서. 축하하기 위해 참석하신 일가 친척 그리고 교우 여
러분들에게 기쁨이 충만하게 하시고 음식 하나에도 은혜를 주셔서

먹고 마실 때 상하지 않게 하시고 즐거운 첫돌 잔치가 되게 하시옵소서. 감사하신 하나님 아버지, 첫돌 재롱잔치에서 ○○의 노는 모습이 너무나 순전하고 꽃같이 아름답습니다. ○○이는 하나님이 주신 선물이요 보배란 것을 깨닫게 하시오니 감사합니다. 이 가정에 하나님이 주신 샬롬의 평안이 있게 하시고 하나님 은혜가 충만하여 하나님께 영광 돌리는 가정되게 하시옵소서. 예수님의 이름으로 기도하옵나이다.

아멘!

환우를 위한 기도
24

사랑의 하나님 아버지 고통의 멍에 벗으려고 주님께 왔습니다. 잠 못 이루는 밤 아픔과 괴로움으로 뒤척이다가 주님 찾아 왔습니다. 저희는 연약한 아이라 작은 일에도 넘어지고 허물 많은 죄인 중에 괴수입니다. 성결치 못하고 날마다 주님보다는 나를 위해 살아 왔음을 고백합니다. 이 시간 성령님 찾아오셔서 아프고 괴로울 때 주님의 권능의 손으로 안수하여 주시옵소서. 12년 동안 혈루병으로 고통당한 한 소녀가 주님의 옷자락만 만지면 나을 줄 믿고 예수님의 옷자락을 만졌을 때 주님께서 고쳐주셨습니다. "소녀야 내 믿음이 크도다 내 소원대로 되리라" 치유의 역사가 임했듯이 저희들의 삶에 날마다 성령님이 함께하여 주시옵소서. 주여, 이 시간도 병마와 싸우고 있는 모든 분들에게 고통과 통증, 아픔의 순간 주님이 찾아와 주셔서 고쳐주시옵소서. 여호와라파의 하나님께서 만져주시고 치유하여 주셔서 건강이 회복되게 하옵소서. 하나님이 함께하시사 하나님의 자녀 되는 구원의 역사가 일어나게 하시옵소서. 그리하여 그들의 일생이 오직 하나님 영광을 위해 충성을 다하는 삶이 되게 하시옵소서. 세월의 흐름 속에서도 오직 공의와 정의로 주님께 헌신할 수 있게 하시고 주님의 사랑에 감사하여 더 낮은 자세로 은혜의 보좌 앞에 나아가게 하시옵소서. 예수님의 이름으로 기도하옵나이다.

아멘!

민족을 위한 기도
25

사랑의 하나님 아버지 감사합니다. 오늘은 세계의 모든 나라에서 하나님을 찬양하며 경배하며 예배드릴 수 있게 하였사오니 감사합니다. 이 땅에 그리스도의 복음이 전파되게 하시고 하나님의 나라가 속히 임하게 하시옵소서. 자비하신 하나님 아버지, 우리나라에서도 토마스 선교사의 순교의 피가 대동강에 흘러 삼천리 이 강산에 복음이 전파 되었사오니 감사하옵나이다. 언더우드 선교사, 알렌 선교사를 통해서 기독교 학교를 세우게 하시고 민족정신 개조의 요람으로 선교적 사역을 감당하게 하시니 감사하옵나이다. 사랑의 하나님 아버지, 세계에 많은 나라가 있지만 기독교 복음이 이 땅에 들어와서 세계 최하위 빈국이었던 대한민국에 정치, 경제, 교육, 의술, 모든 분야에서 세계적으로 뛰어나게 하셨사오니 감사합니다. 우리 대한민국을 하나님께서 십자가의 나라로 세워주셨사오니 감사합니다. 날마다 새벽을 깨우며 하나님의 전에서 울부짖으며 기도하는 백성들의 간구를 들으시고 이 나라 이 민족이 제사장의 나라가 되게 하시옵소서. 사랑과 은혜가 풍성하신 하나님 아버지, 역사적인 조국 통일도 하나님의 섭리 속에 이루어지게 하옵소서. 존귀하신 하나님 아버지, 이 나라를 지키시는 국군 장병들에게 하나님이 주신 평화가 있게 하시옵소서. 감사하신 하나님 아버지, 이 나라의 치안을 책임지고 있는 경찰 공무원 그리고 모든 행정 공무들이 이 나라를 사랑하는 국민의 민복이 될 수 있게 하시옵소서. 오늘도 말없이 국민의 생명과 재산을 보호하기 위해 일선에서 수고하신 소방대원들 그리고 위급한 생명을 살리기 위해 헌신하는 119대원, 박봉에 열심히 일하시는 자영업자, 그리고 산업현장에서 땀 흘리며 일하는 수출의 역꾼들, 해외에 파견된 노동자 그리고 국익를 위해서 파병된 국군장병, 바닷가의 등대지기 모두 다 하나님이 주신 샬롬의 은혜가 있게 하시옵소서. 우리 구주 예수님의 이름으로 기도하옵나이다.

아멘!

개업 예배 기도
26

좋으신 하나님 아버지 은혜를 감사합니다. 오늘 김은진 성도님이 사진관을 개업합니다. 하나님께서 함께하여 주시사 번창하게 하시고 범사에 감사함으로 성실하고 정직하게 지역사회를 섬기게 하옵소서. 많은 고객들이 찾아오며 번성케 하여 주시옵소서. 네 시작은 미약하나 네 나중은 창대하리라는 욥기서의 말씀처럼 불황의 시대이지만 어렵지만 만군의 하나님이 함께하시사 승리하게 하여 주시옵소서. "내가 너를 반드시 복 주고 복 주며 번성케 하리라는 히브리서 6장 14절의 말씀이 이 가정과사업체에 말씀이 되게 하여 주셔서 물질적 어려움이 없게 하옵소서. 물질의 목마름이 없게 하시고 때를 따라 은혜의 강수가 넘치게 하시옵소서. 사랑의 하나님 아버지, 요셉의 가지는 무성한 가지라고 하였습니다 시냇가에 심은 나무가 잎이 무성하여 담장을 넘은 것처럼 사업과 신앙이 담장을 넘는 역사가 있도록 하나님이 인도하옵소서. 무한한 경쟁 속에서도 오직 하나님의 능력으로 믿고 순종하여 하나님 제일주의로 우선권을 하나님께 맡기면서 사업이 확장되게 하옵소서. 이 시간 하나님의 사자 목사님이 말씀하실 때에 하나님의 음성으로 듣게 하시고 하나님의 말씀으로 사업의 사훈이 되며 젖과 꿀이 흐르는 축복의 근원이 되게 하시옵소서. 자비하신 하나님 아버지, 귀한 가정에 성도 내외분의 강건의 축복과 온 자녀들이 지혜가 뛰어나게 하시고 그 위에 하나님의 은혜가 임하게 하시옵소서. 사철의 봄바람이 불어오는 따뜻함이 있는 가정, 하나님 아버지를 섬김으로 날마다 성령 충만하게 하옵소서. 밝고 아름다운 미소로 고객을 대하며 사업이 일취월장하게 하시옵소서. 예수님의 이름으로 기도하옵나이다.

아멘!

개업 감사 기도
27

인간의 흥망성쇠를 주관하시는 하나님 감사합니다. 이 시간 하나님의 종 ○○○ 집사가 식당을 개업하였습니다.

"네 시작은 미약하나 네 나중은 심히 창대하리라" 하신 말씀처럼 번창하게 하옵소서. 음식의 맛이 뛰어나게 하시고 많은 사람들이 찾는 곳이 되게 하옵소서. 시작은 사람이 하오나 결실은 하나님이 주셔야 되는 것처럼 하나님이 주관하시고 인도하여 주시옵소서. 입소문으로 단골 손님이 많게 하시고 깔끔한 반찬과 매너로서 번창케 하시옵소서. "내가 반드시 너를 복 주고 복 주며 번성케 하리라" 하신 하나님의 축복의 약속으로 인도해 주시옵소서. 물질적으로 목마르지 아니하게 하시고 막힌 것이 있으면 뚫어지게 하시옵소서. "나의 하나님 아버지께서 그 영광 가운데 있을 것을 채워주신다" 하였사오니 넘치게 채워주시옵소서. 사랑의 하나님 아버지, 아침 일찍부터 저녁 늦게까지 수고하여 피곤이 쌓일지라도 주님께서 도와주시고 보살펴 주시사 항상 기뻐하고 범사에 감사하게 하옵소서. 하나님께서 이 사업장에 주인이 되어 주시고 역사하시사 예배가 무너지지 않게 하옵소서. 사도 바울처럼 내 몸에 예수의 흔적이 있노라는 고백이 있게 하시옵소서. 식당이 창대하고 번성하여 십일조도 제일 많이 드리게 하시고 예수 제일주의로 번성케 하시옵소서. 감사하신 하나님 아버지, 이 시간 하나님의 사자 목사님 말씀하실 때 하나님의 음성으로 들려지게 하시옵소서. 목사님의 말씀으로 통해서 하나님께 영광이 되게 하시고 오늘 개업을 하시는 ○○○ 집사님 내외분 가정에 영성의 복과 물질의 복이 임하기를 원하옵니다. 이 시간 집사님 가정과 사업장에 축복의 말씀과 은혜의 말씀이 되게 하여 주시옵소서. 무한한 경쟁 속에서도 좋은 사람을 붙여 주시옵고 정확한 정보를 통해 많은 사람들과 공유하는 사업체가 되게 하옵소서. 예수님의 이름으로 기도하옵나이다.

아멘!

하나되는 조국을 위한 기도
28

유구한 역사와 전통과 문화를 지켜주신 하나님 아버지 은혜를 감사합니다. 우리 대한민국은 삼일정신과 4.19혁명 정신을 계승하여 자유 민주주의 국권을 지키게 하심을 감사합니다. 사랑의 하나님 아버지. 우리의 조국 대한민국에 강풍이 불어오고 있습니다. 국정에 풍랑이 일어나고 있습니다. 만군의 하나님 아버지 우리나라 대한민국을 보호하여 주시고 지켜 주시옵소서. 대통령에게 리더십을 주시사 국정 운영이 어렵고 힘들지라도 잘 헤쳐나갈 수 있도록 도와주옵소서. 모든 시련을 넘어 전화위복이 되는 우리나라 되게 하시옵소서. 수출이 늘어나고 고용이 확대되며 일자리 창출을 통하여 기업들이 투자를 하고 회사는 투명하게 경영하여 혼란이 없는 우리나라 우리 사회가 되게 하여 주시옵소서. 감사하신 하나님 아버지, 6 · 25전쟁의 폐허 속에 이 지구상에 가장 가난한 나라가 이제는 세계 선진 20개 국 안에 들어갈 수 있게 하였사오니 감사합니다. 세계

시장 곳곳마다 무한 경쟁 속에 침체된 우리나라 경제가 다시 한번 부흥이 일어나게 하시옵소서. 감사하신 하나님 아버지, 우리나라의 모든 공직자와 모든 노동자이 하나님의 은혜로 거듭나게 하시고 하나님의 편에 서서 나의 조국을 대한민국을 위해 일하게 하시옵소서. 능력의 하나님 아버지, 이 시간 목사님께서 말씀하실 때 성령님의 말씀에 임재가 있게 하시고 축복받는 이 나라 이 민족이 되게 하여 주시옵소서. 예수님의 이름으로 기도하옵나이다.

아멘!

부흥을 위한 기도
29

할렐루야 사랑의 하나님 아버지 은혜를 감사합니다. 오늘 몸 된 성전에서 영적 대각성 전도 부흥회를 허락하신 하나님께 감사와 영광을 올려드립니다. 은혜로우신 하나님 아버지, 오늘 예배를 드릴 때 느헤미야 선지자의 마음이 저희들에게 심어지게 하시옵소서. 140년 동안 무너졌던 황폐한 예루살렘 성벽을 51일만에 완공하고 잃어버린 신앙과 무너졌던 말씀이 성령님의 인도하심과 내재함으로 회복의 역사가 일어나게 하시옵소서. 존귀하신 하나님 아버지, 우리들 권속들 중에 신앙의 성벽이 무너져 장기적으로 쉬고 있는 성도들 그리고 교회는 다니고 있지만 영적으로 세상에 속한 사람, 하나님을 잊어버린 심령이 영적 대각성 부흥회를 통해서 신앙이 회복되게 하시옵소서. 구약시대 느헤미야 선지자는 금식하며 눈물로서 찢어지는 마음을 안고 통곡하며 조국을 위해 기도했던 것처럼 저희들도 가슴을 치며 교회부흥을 위해 하나님 나라를 사모하는 예배자가 다 되게 하시옵소서. 감사하신 하나님 아버지, 기도는 역사를 바꾸고 변화시키는 능력이 있음을 믿습니다. 하나님이 찾으시는 그 한사람 생명의 축제 영혼을 구원하는 현장으로 인도하게 하시옵소서. 자비의 하나님 아버지, 가슴에 품고 기도하는 태신자 87명 모두 다 하늘나라 생명책에 기록되는 축복이 있게 하시옵소서. 사랑의 하나님 아버지, 황무한 이사회와 무너진 가정, 어그러진 모든 관계가 회복되게 하시옵소서. 기도만이 하늘문을 여는 열쇠요 능력임을 믿습니다. 이 시간 하나님이 크게 쓰시는 ○○○ 집사님께서 찬양과 간증을 나눌 때 교회 부흥과 천국잔치에 영적 대각성이 일어나 큰 도전을 받게 하시고 하나님이 주신 성령으로 충만 충만하게 하옵소서. 집사님이 하시는 일마다 지경이 넓혀지게 하시옵소서. 이 시간 동부교회를 섬기시는 우리 목사님께 영적인 권세를 더하시고 영육 간의 강건하게 하시옵소서. 우리 구주 예수님의 이름으로 기도하옵나이다.

아멘!

부흥사경회를 위한 기도

30

좋으신 하나님 아버지 은혜를 감사합니다. 하나님의 섭리 속에 우리 동부교회가 말씀사경회를 열 수 있도록 역사하신 하나님께 감사를 드립니다. 이 시간 하늘의 창을 열어주시고 오순절 마가의 다락방에 역사하셨던 성령님의 능력이 저희들 심령 속에 임하게 하여 주시옵소서. 그리하여 하나님을 믿기는 믿어도 알지 못하고, 알기는 알아도 행하지 못한 영적인 심령들에게 가뭄에 단비와 같이 은혜의 강수로 채워주시옵소서. 이 시간 하나님이 귀히 쓰시는 영적인 거장 서임중 목사님을 모시고 말씀 사경회를 하게 하시니 감사합니다. 목사님 내외분 영육 간에 강건함을 주시고 영권을 더하여 주시사 엘리야에게 주셨던 영적 능력을 주옵시고 전국 모든 교회와 해외까지 말씀의 사자로 쓰임받게 하옵소서. 자비의 하나님 아버지, 목사님께서 말씀을 선포하실 때 하나님이 찾으시는 백성들이 되게 하시옵소서. 도박에 중독된자, 마약에 중독된 자, 알콜에 중독

302

된 자, 게임에 중독된 자, 채팅에 중독된 자 모두 치유함을 받게 하옵소서. 말씀으로 악의 세력을 물리치는 이 시대의 참 목자가 되게 하시옵소서. 그리하여 영적인 황무한 심령이 말씀으로 돌아오게 하시고 영적으로 깨어있는 이 민족이 되게 하며 복음화가 이루어지게 하옵소서. 사랑의 하나님 아버지, 영혼의 깊은 곳에 외롭고 우울한 마음이 주님의 말씀으로 치유되게 영성이 재 충전되어 영적 도약이 이루어져 이 땅에 구원과 부활의 감격을 전하는 주님의 청지기들이 다 되게 하시옵소서. 은혜로우신 하나님 아버지 목사님이 섬기시는 포항 중앙교회가 든든히 서가게 하시고 날마다 성령님의 인도함이 있게 하시옵소서. 존귀하신 하나님 아버지, 우리 동부교회 조주영 목사님 내외분을 기억하시고 날마다 강건하게 하시고 말씀의 능력을 더하여 주옵소서. 그리하여 세상에서 방황하고 좌절과 절망 속에 있는 자들이 구원의 방주, 동부교회로 찾아오게 하시고 소문난 교회, 칭찬받는 교회, 은혜로운 교회로 부흥되게 하시옵소서. 이 시간 찬양을 드릴 때 하나님 기뻐 받으시고 영혼의 깊은 곳에서 울려나는 곡조로 영광을 하나님께만 드리게 하시옵소서. 천국 잔치를 허락하여 주신 우리 구주 예수님의 이름으로 감사하며 기도하옵나이다.

아멘!

결혼식 예배 기도
31

에덴 동산에서 결혼제도를 세우신 하나님 아버지 은혜를 감사합니다. 오늘 주님이 좋은 날을 주시고 만세 전부터 예비하셔서 ○○○ 군과 ○○○ 양이 결혼식을 할 수 있게 하심을 감사합니다. ○○○ 군을 이 땅에 보내주시고 하나님을 섬기시는 믿음의 가정에서 자라나게 하신 후 하나님 앞에서 일가 친척 내빈이 계신 자리에서 백년가약 혼인예식을 갖게 하심을 감사합니다. 아담을 흙으로 빚으시고 독처하는 것이 좋지 못하심을 보시고 아담이 잠들 때 갈비뼈를 취하여 여자를 만드신 후, 배필로 주셨습니다. 아담은 내 뼈중의 뼈요 살 중의 살이라고 고백하였습니다. 이제 오늘 혼인예식을 하는 신랑 ○○○ 군과 신부 ○○○ 양은 하나님을 잘 섬기고 사철의 봄바람이 불어오는 가정을 이루게 하시옵소서. 때로는 모진 강풍이 불어와도 고통과 괴로움이 앞을 막을지라도 참고 인내하며 서로서로 위로하고 존중하며 하나님을 섬기는 은혜로운 가정이 되게 하옵소서. 영생의 복과 물질의 복, 건강의 복, 형통의 복을 받아 자자손손 하나님을 섬기는 믿음의 대를 이어가게 하소서. 이 시간 목사님께서 주례사를 하실 때 신랑 신부의 일생에 꼭 필요한 권면의 말씀 되게 하시고 하나님의 음성으로 듣게 하옵소서. 어떤 시련 속에서도 변치 않는 부부로 해로하여 사회에서나 교회에서나 꼭 필요한 하나님의 종이 되게 하시옵소서. 오늘 신랑 신부를 낳으시고 양육하시고 교육시키면서 뒷바라지한 양가 부모님 위에 하나님이 주신 은혜의 복이 넘치게 하옵소서. 오늘 새로이 출발하는 신랑 신부의 새 가정에 은혜로 충만하게 하옵시고 주님의 은혜의 강수가 넘치게 하옵소서. 날마다 푸른 초장 잔잔한 물가로 인도하여 주시옵소서. 우리 구주 예수님의 이름으로 기도하옵나이다.

아멘!

결혼식 예배 기도
32

    우주만물을 창조하시고 에덴 동산에서 가정을 만드셨던 좋으신 하나님 아버지!

    오늘은 하나님의 은혜로 신랑 ○○○ 군과 신부 ○○○ 양의 백년가약을 맺고자 합니다. 하나님의 뜻이 계셔서 이들을 낳으시고 기르시고 교육시키고 장성하여 한 가정을 이룰 수 있도록 역사하신 우리 하나님께 감사를 드립니다. 신랑 ○○○ 군은 교회에서 청년회와 교사, 성가대원으로서 열심히 하나님을 섬기고 신앙생활을 잘하여 교회에서나 사회에서나 본이 되게 하시니 감사합니다. 신부 ○○○ 양은 현숙한 아내로서 모든 사람의 귀감이 되는 신부가 되게 축복해 주옵소서. 이제 이 두 사람은 하나님의 혼인 예법을 따라 한 가정을 이루고자 혼인 서약을 하고자 합니다. 내 뼈 중의 뼈요 살 중의 살이라는 고백을 하며 이제 한 몸을 이루어 하나님을 섬기시는 귀한 가정이 되게 하여 주시옵소서. 날마다 하나님께서 이 가정의 호주가 되어 주옵소서. 하나님의 은혜로서 가정을 섬기고 교회를 섬기며 사회와 국가와 민족을 섬기는 은혜를 주옵소서. 서로가 양보하게 하시고 부부로서 의견이 충돌이 있을지라도 얼굴 붉히는 일이 없게 하시고 언쟁이 높아지지 않게 하시며 서로 존중하게 하시고 서로서로 위해 주게 하옵소서. 아플 때나 괴로울 때나 서로가 위로하며 사랑의 향기가 나는 크리스천의 가정이 되게 하여 주시옵소서. 이 시간 목사님 말씀하실 때 이 가정에 하나님의 축복이 임하여 주옵소서. 날마다 그리스도의 사랑으로 충만케 하시옵소서. 예수님의 이름으로 기도하옵나이다.

아멘!

결혼식 예배 기도
33

　참 좋으신 하나님 아버지 은혜를 감사합니다. 오늘은 신랑 ○○○ 군과 신부 ○○○ 양의 결혼식을 할 수 있도록 인도하신 은혜를 감사합니다. 이들이 한 가정을 이룰 수 있게 하신 하나님의 은혜와 이들을 키우시고 교육시켜 오늘이 있게 하신 양가 부모님 위에 날마다 하나님의 은혜의 강수가 넘치게 하시옵소서. 하나님 아버지, 신랑 ○○ 군은 이 세상에 살아갈 때에 세상 유혹에 넘어지지 않게 하시고 어떠한 상황에서도 스스로 절제할 수 있는 의지와 부동심을 가지게 하시옵소서. 그리하여 사회 생활속에서도 욕심과 방탕과 유혹에 절제하며 가난과 권위 앞에서도 당당하게 현실에 타협하지 않게 하시옵소서. 부를 가졌어도 부패하지 않으며 결혼생활이 때론 힘들어도 신앙을 저버리지 않게 하시옵소서. 또 신부 ○○ 양은 아내로서 남편을 사랑하며 용기를 주며 협력하며 날마다 사랑의 고백과 따뜻한 마음으로 대하며 신혼시절의 사랑이 변치 않게 하옵소서. 신혼초기에는 성격도 다르고 풍습과 식생활, 문화가 달라 어려움이 있을지라도 남편의 식성과 성격을 잘 파악하여 남편이 사회에 잘 적응하도록 돕는 배필이 되게 하소서. 인생의 바다에서 항해할 때 거친 파도와 시련과 역경 풍파가 올지라도 주님을 찾게 하옵시고 날마다 십자가 바라보며 믿음의 경주를 다하게 하시옵소서. 인생의 성공은 고난을 통해서 완성되고 역경을 통해서 얻어지는 것임을 깨닫게 하시옵소서. 이들 신혼부부에게 인내와 자제력으로 인생 앞에 놓인 모든 장애물을 넘어 하나님이 찾으시는 청지기들이 다 되게 하시옵소서. 이 시간 하나님의 사자께서 주례사를 하실 때 영혼을 깨우치게 하시고 새벽마다 하나님의 음성을 듣게 하시옵소서.

창조의 하나님 아버지!

일생동안 하나님을 섬기게 하시고 주님의 은총으로 날마다 충만케 하시며 가정이 복되게 하시옵소서. 예수님의 이름으로 기도하옵나이다.

아멘!

결혼식 예배 기도
34

5월의 싱그러움이 더해가는 계절에 신랑 ○○○ 군과 신부 ○○○ 양의 결혼식을 허락하신 하나님께 감사를 드립니다. 하나님의 은혜로 신랑 ○○○ 군과 ○○○ 양은 모태신앙으로 어릴적부터 신앙생활을 성실하게 할 수 있도록 인도해 주셔서 감사합니다. 혼인예식이 가나 혼인 잔치처럼 복되게 하여 주시옵소서.

사랑의 하나님 아버지!

믿음의 가정에서 태어나 서로 사랑하고 부부의 인연으로 인도해 주심을 감사합니다. 이제 새롭게 출발하는 이 가정 위에 하나님이 주신 은혜와 복이 넘치게 하여 주시옵소서. 하나님을 모시고 일생 동안 살아갈 때에 이해하고 배려하며 존중하는 신랑 신부가 되게 하여 주시옵소서. 양가의 부모님을 잘 공양하게 하시고 효성을 다하는 신랑 신부가 되게 하여 주시옵소서. 친척간에 형제간에 우애있게 하시고 항상 겸손하며 예의를 다하여 서로가 존중하며 함께 기도하고 주안에서 서로가 항상 기뻐하고 범사에 감사함이 넘치는 믿음의 새 가정이 되게 하여 주시옵소서. 이 시간 하나님의 사자 목사님께서 말씀하실 때 인생의 여정에 삶의 지표가 되게 하옵소서. 권면의 말씀이 하나님의 진리와 비전이 인생의 여정의 마라톤 경주에 새롭게 출발하는 영적인 에너지가 되게 하여 주시옵소서. 오늘 결혼식을 위해 축하하러 온 가족 일가친지 여러분과 모든 하객들 위에 하나님이 주시는 기쁨이 충만하게 하시옵소서. 존귀하신 예수 그리스도의 이름으로 기도하옵나이다.

아멘!

결혼식 예배 기도
35

하나님의 은혜로 오늘 신랑 ○○○ 군과 신부 ○○○ 양이 백년가약을 맺게 하심을 감사합니다. 만물이 소생하는 계절에 이 두 사람 혼인예식을 하게 하신 하나님께 감사를 드립니다. 오늘 하나님 앞과 일가, 친지, 하객들의 축복 속에 혼인 예식을 드리고있습니다. 이들이 일생동안 동행의 길을 갈 수 있도록 하나님께서 인도하여 주시옵소서. 이 시간 새롭게 출발하는 새 가정 위에 하나님이 주신 복과 건강과 평안의 복이 있게 하여 주시옵소서. 결혼의 행복은 받기 보다 줌으로써 만들어진다는것을 깨닫게 하여 주시옵소서. 내가 먼저 이해하고 내가 먼저 손을 내밀며 양보하고 실수를 하더라도 용기와 격려로 칭찬하는 새 가정이 되게 하여 주시옵소서. 하나님 아버지 새 가정이 항상 웃음의 동산이 되게 하시고 사철의 꽃향기가 은은하게 풍기게 하시고 하나님이 호주가 되셔서 작은 것도 감사가 넘치게 하시옵소서. 이 시간 목사님 주례사를 하실 때 신랑 신부에게 소망이 넘치는 말씀이 되게 하시고 일생동안 변함없는 사랑을 하는 부부되게 하옵소서. 이 시간 양가 부모님과 일가 친척 모든 하객들에게 하나님이 주신 평안의 복을 주시옵소서. 우리 구주 예수님의 이름으로 기도하옵나이다.

아멘!